鹿島神宮と水戸

梶山孝夫

まえがき

肇国の創建と伝える鹿島神宮は常陸国の一の宮である。その鹿島神宮に水戸藩の歴代藩主は崇敬の誠を捧げてきた。崇敬は藩主ばかりでなく家臣にも及んでおり、江戸期を通じて確認することができる。私は隣接の地に設立された学校に奉職したこともあって鹿島神宮に関心を抱いてきた。その関心は鹿島神宮そのものはいうまでもなく水戸藩、松尾芭蕉、佐久良東雄との関係に及ぶものである。なかでも鹿島神宮では祭頭祭、水戸藩では義公や烈公の参詣、芭蕉では『鹿嶋詣』、東雄では還俗と桜の奉納などに関してであり、それらに焦点を当てることに努めた。

本書に収録した小文はすべて窓外に神宮の森を望みつつ構想を練り執筆したものであるが、必ずしも十分とはいえないところがあるけれども新史料の活用や新見解の提示も少なくないと思う。本書は私の鹿島神宮への関心の一端として同好の方々に披瀝し、ご叱正を賜わろうとするものである。

目次

第一章　義公光圀と鹿島大宮司則直・則長父子

はじめに

水戸藩が鹿島神宮と密接な関係を有したことについてはすでに多くの指摘があり、私も先にいささか論究したことがある[1]。しかしながら、義公光圀との具体的な関係についての研究はほとんど見当たらないようである。本章では水戸藩と鹿島大宮司家との関係を概観しながら、特に義公光圀と大宮司則直・則長父子の交遊に焦点を当てて言及したいと思う。それは、光圀研究に、ひいては水戸学における神道の背景を探究する上に若干なりとも資するところがあると考えるからである。

一　鹿島大宮司家と水戸藩

鹿島神宮の大宮司は中臣鹿島連家が連綿としてその職を襲ってきたが、水戸藩との関係を窺うためにまず江戸時代以後の系譜を確認しておこう。江戸期における大宮司職は慶長五年に襲職した則盛に始まり、則広・則敦・則直・則長・定則（則朋）・則備・則峰・則瓊・則孝の十代であり、明治以後則文・則泰と続く。このうち、則峰と則孝が他氏から養子として大宮司職を継いだが、その他は長男または一族内からの襲職である。

水戸藩との婚姻関係をみると、則直・則長・則瓊の三代は水戸藩士の女を妻とし、則広の孫娘二人（ちよ・つわ）はそれぞれ水戸藩士雨宮九兵衛と久貝太郎兵衛に嫁している（『水府系纂』巻二六・二九）。また、婚姻ではないが則敦の三男で則直の弟盛行（塙宇右門）が宝永四年十月に進物番として三代綱条に仕えている（『水府系纂』巻六十の上）。大宮司十代のうち則敦・則直・則長の三代が光圀の藩主及び隠居時代に当たる。

その他の主な関係では、則広の代に初代頼房による楼門の寄進（寛永十一年）や参拝（慶安元年）があり、則直が鹿島文庫を創設した時にその上梁文を彰考館編修人見道設が撰文しており（延宝三年）、則長の大宮司復職に際しての光圀書簡（元禄六年）が知られ、定則の代に鹿島文庫への『扶桑拾葉集』奉納（宝永二年）、綱条の参拝（宝永四年）があり、則瓊の代に九代斉昭の参拝（天保五年）、沼尾社への額と拝殿の奉納（安政二年）、弘道館への鹿島神社分霊勧請（安政四年）、その他諸々の祈禱があり（『鹿島町史料集・社家文書』巻一に関連史料収録）、藩関係者（安藤朴翁・立原翠軒・丹就道・藤田東湖等をはじめ、幕末の八郎麿（松平直侯）・貞操院・武田耕雲斎・雑賀孫一等、則瓊以前も含めて多くの事例がある）の参拝や『大日本史』の奉納（十代藩主慶篤の時）等がみられる。

これらの中では、頼房と斉昭の正式参拝の記録（『鹿嶋社楼門廻廊再興次第記』『徳川頼房参詣次第記』『徳川斉昭祝詞』『弓の本末』『水戸紀年』等）も多く、鹿島神宮との関係を窺うのに重要な役割を担うであろう。しかし、これについての言及は少なくないことからここでは省略することとしよう。(2)

二　大宮司則直と水戸

則直の妻が水戸藩士の女であることはすでに述べたが、その女は水戸藩士中山信治の養女で中山善左衛門信安の女であって名をかめといった。婚姻の経緯の詳細を明らかにすることはできないが、まず水戸藩との関係においてこの婚姻は重要な意味を持ったと考えてよいであろう。そこで『大宮司日記』寛文三年の記載から関係の記事を拾ってみよう。

九月十七日、則直（伊織）は大宮司である父則敦とともに水戸城において光圀と対面している。大広間にて料理や茶を下された後、お目見えとなった。

> 扨御座之間ニて御目見へ申上候。御前ニハ中山備前守殿壱人、奏者ハ藤田将監殿。我等進上物ハ御祓並御樽壱荷御肴かつおふし弐百箱入、同姓伊織進上ハ末広五本のし入大鷹之大結十筋は□通指上申候。親子共ニ首尾能御目見へ致罷帰候。則今度遠路罷越候御祝儀として我等方へ御小袖壱重、伊織方へ銀子弐枚被下候。右之御祝儀御使者ニて被下候。其日之未ノ刻ニ水戸お《ママ》発足夜通し帰宅仕候。

この記事は直接に婚礼とは関係しないかもしれないが、注目すべきなのは光圀のみでなく中山備前守信政とも対面していることである。

十一月二十二日の条には、

今晩水戸望月九郎左エ門とのより飛脚ヲ以伊織縁辺之儀、宰相様へ披露被申上候へハ、御満足ニ被思召候由申来候。縁者中山備前守殿ニて候事。

とみえ、同月二十七日の条には、

伊織祝言之相談ニ伊藤瀬兵へヲ水戸望月五郎左エ門殿へ使ニ越申候。

とあり、十二月十日の条には、

今朝伊織縁辺相調候ニ付て交之祝儀持参いたさせ、伊藤瀬兵へニ中間両人差添、水戸中山備前守へ遣し候。望月九郎左エ門方肝煎ニて候故、彼仁迄添状致右之祝儀遣し申候事。

とあって、十二日の条には「交之祝儀」が首尾能く済んだことが記されている。この婚儀は翌四年八月に成立することとなるのであるが、これらの記事によって伊織すなわち則直の婚儀が光圀の満足を得るものであり、それは前代からの水戸家との繋がりのしからしむるところであって、さらに以後の親密な関係の出発点でもあったということができよう。

試みに、寛文十三年と延宝二年の関係記載をみると、水戸城でのお目見えは寛文十三年六月二十二日と延宝二年二月五日であり、ともに御料理を下され拝領の品があった。延宝二年四月二十三日には江戸へ参府の際に板久(潮来)でお目見えし(『甲寅紀行』)、これより先寛文十三年五月二十三日に板久へ

「御成被成候」の際もお目見えすべきであったが、二十日に「愚妻産後間も無之血忌之内故」遠慮している。この出産は則長の姉ねいの時であり、水戸より医者が派遣されていた。延宝二年五月二十九日と八月朔日には江戸の中山備前守宅で神道家今井有順の講義（『中臣祓』と『日本書紀』神代巻）を聞いた。[3]

そして延宝三年、その関係の現われの一つとしての鹿島文庫創設を迎えるのである。文庫の創設は光圀の示唆によると推察され、鹿島神宮における学問をみる上に画期的な役割を担ったと考えられる。よって、次にこの事情を探ってみることとしよう。

三　則直の鹿島文庫創設

まず、「鹿島文庫興廃始末」（『鹿島町史』第四巻所収、以下『始末』と略記する）冒頭の記載から検討してみよう。

鹿島文庫は延宝三年己卯大宮司中臣則直の創て建る所なり。この年正目（月）則直江戸に在て、鹿島神宮は大社の事なれば、末代までも伝えんため文庫を建られ度と、本多長門守殿へ願はれしに、即仰付られ、四月三日釿《おの》初ありて、六月十一日に落成になれり。表四間弐尺に都摩《つま》は三間なりしと云。水戸彰考館編修人見道設に請て、上梁文を書せしめ、又江府儒官人見友元、鹿島文庫といへる四字の額を書して庫に掲く。上梁文は文庫の天井に打付置しとなり。

これを『大宮司日記』によって確認すると、延宝三年正月元日江戸へ発ち、寺社奉行へ御礼挨拶に行ったことは確かである。この江戸行は将軍家綱（この三十五歳）厄年祈禱のためであったらしいが、十八日の条に「鹿嶋神宮ハ大社ニテ候間末代迄之為神前ニ文庫建立申度存候」とみえ、『始末』の記載を確認することができる。本多長門守は名を忠利といい、時の寺社奉行であった。諸準備をへて、四月三日の朝「文庫之ちやうなはしめいたし」、二十日御蔵と文庫の地鎮祭を行い、二十二日に御蔵の上棟となり、やがて六月十一日「依為吉日文庫清メ」御祈禱と相成った。六月七日には則直自ら「日本紀一部」を、妻女は「万葉集一部」を納めていた。後述するが、五月十一日には嫡子則長が誕生していたから文庫創設と相俟って則直の喜びも一入であったに相違ない。

続いて、『始末』の記載をたどろう。『始末』は道設の上梁文と友元の額の裏書を引いた後、

按ずるに大宮司則直は、水戸中山氏の女を娶りて室とせられし人なれば、其儒臣たちとも相議して文庫を創られたるにて、実は西山公の御深慮などより出たらんも測りがたし。さて常時大宮司祝部等をはじめ里人に至るまでも、各典籍を献じて数百巻を蔵められたり。

と記している。ここで注目すべきは「西山公の御深慮」である。断定している訳ではないけれども、則直(4)と光圀との関係からすればその可能性は否定できないと思われる。それは光圀が寛文十二年に国史編修所を彰考館と命名し、史館講釈が始まっていたからである。文庫に納めた典籍の奉納が大宮司はいうまでもなく里人にまで及んだというのは先に引用の『大宮司日記』や「鹿嶋社和書文庫記抄録」（中山信名編『鹿島事跡』五所収）によって傍証可能である。すなわち「抄録」には「延宝三乙卯年七

錦正社 図書案内 ⑥ 新刊

〒162－0041　東京都新宿区早稲田鶴巻町544－6
電話03（5261）2891　FAX03（5261）2892
https://kinseisha.jp/

現代語訳でやさしく読む

「中朝事実」日本建国の物語

山鹿　素行原著、秋山　智子編訳

尊い国柄を次代に伝える

現代の私たちにも大きな価値を有し、儒教や仏教などの外来思想が入ってくる以前の日本古来の精神を究明し、わが国の国柄を明らかにした『中朝事実』を、やさしい現代語訳で丁寧にひもといていく。

定価3,080円
〔本体2,800円〕
四六判・320頁
令和6年6月発行
9784764601536

大和魂・大和心の語誌的研究

若井　勲夫著

日本人固有の魂・心の本質を見つめなおす

大和魂・大和心は、「魂」・「心」に大和を冠することによって、日本人の精神面・生活面において、どのように意識され、発想され、言語に表されてきたのか。

定価5,500円
〔本体5,000円〕
A5判・400頁
令和5年9月発行
9784764601512

伝統芸能と民俗芸能のイコノグラフィー〈図像学〉

児玉　絵里子著

時を超え意匠から鮮やかに蘇える
近世期―珠玉の日本文化論

初期歌舞伎研究を中心に、近世初期の芸能（歌舞妓・能楽・琉球芸能）と絵画・工芸・文芸を縦横に行き来し、日本文化史を図像学の観点から捉えなおす。

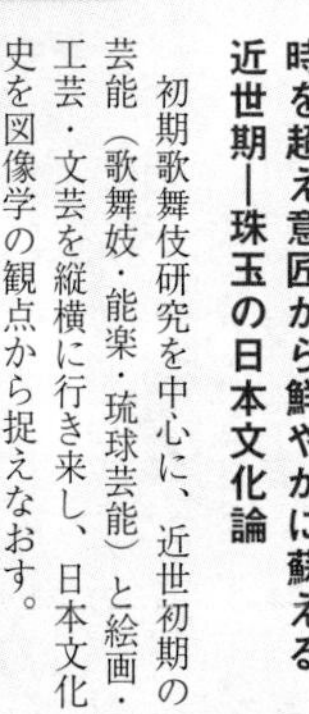

定価1,980円
〔本体1,800円〕
四六判・192頁
令和6年8月発行
9784764601543

初期歌舞伎・琉球宮廷舞踊の系譜考

三葉葵紋、枝垂れ桜、藤の花

児玉　絵里子著

数百年の時を超えて今蘇る、初期歌舞伎と近世初期絵画のこころ

初期歌舞伎研究に関わる初の領域横断研究。舞踊図・寛文美人図など近世初期風俗画と桃山百双、あるいは大津絵「藤娘」の画題解釈、元禄見得や若衆歌舞伎「業平踊」の定義などへの再考を促す、実証的研究の成果をまとめた珠玉の一冊。

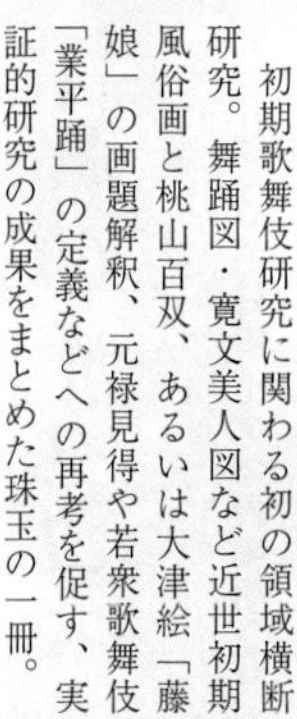

定価11,000円
〔本体10,000円〕
A5判・526頁
令和4年7月発行
9784764601468

昭和晩期世相戯評

小咄 燗徳利

村尾 次郎著、小村 和年編

令和の今こそ読むべき昭和晩期の世相戯評

昭和五十三年から平成元年の十年にわたり週刊誌『月曜評論』の「声ある声」欄に連載した〝やんちゃ〟談義、全五百三十編のコラムのうち、たまたま耳目を驚かせた時事問題、旅先での経験や身辺の小事など、著者選りすぐりの二百五十八編を収載。洒脱な文章の中に「良き国風を亨け且つ伝える」という著者気概が溢れ、読む者に何とも云えぬ爽快感を与えてくれる。

定価2,420円
〔本体2,200円〕
四六判・288頁
令和5年2月発行
9784764601499

東京大神宮ものがたり

大神宮の一四〇年

藤本 頼生著

神前結婚式創始の神社・東京大神宮の歴史を繙く

神宮司庁東京皇大神宮遥拝殿として創建され、戦前期には広く「日比谷大神宮」「飯田橋大神宮」の名称で崇敬されてきた東京大神宮。伊勢の神宮との深い由緒と歴史的経緯を持ち「東京のお伊勢さま」とも称される東京大神宮の創建から現在までのあゆみを多くの史料や写真をもとに紹介。

定価1,980円
〔本体1,800円〕
四六判・328頁
令和3年12月発行
9784764601451

津軽のイタコ

笹森 建英著

知られざる津軽のイタコの実態をひもとく

津軽のイタコの習俗・口寄せ・口説き・死後の世界・地獄観・音楽・生活など、死者と交流をしてきた彼女たちの巫業や現状とは一体どういうものなのか？ 長きに亘りイタコと関わり、研究を行ってきた著者ならではの視点から、調査体験に基づき多角的に実態を明らかにする。

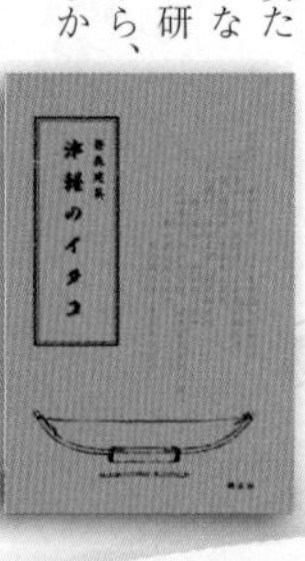

定価3,080円
〔本体2,800円〕
A5判・208頁
令和3年4月発行
9784764601437

好評第3刷

日本語と英語で読む

神道とは何か

小泉八雲のみた神の国、日本

What is Shintō?

Japan, a Country of Gods, as Seen by Lafcadio Hearn

平川祐弘・牧野陽子著

ハーン研究の第一人者である二人の著者が「神道」の核心に迫る

神道とは何か、この問いに小泉八雲を介し、客観的で分かりやすく纏めた一冊。日本文と英文がほぼ同じページ数で左右両側からそれぞれ読み進められるようになっており、日本の神道の宗教的世界観を世界に発信する。

定価1,650円
〔本体1,500円〕
四六判・252頁
平成30年9月発行
9784764601376

先哲を仰ぐ【四訂版】

平泉　澄著　市村　真一編

代表的日本人の心と足跡を識り、その崇高な道を学ぼうという青年に贈る書

平泉澄博士の論稿の中から、①日本の道義を明らかにし実践された先哲の事蹟と精神を解説された論考、②第二次世界大戦前、日本の政治と思想問題に関して平泉澄博士が書かれた御意見、戦後我が国再建のため、精神的支柱を立て、内政外交政策を論じられたもの、③先哲の御遺文の講義、二十一編を収録。今回の四訂版では、「二宮尊徳」の章を追加し、刊行に合わせて書き直した市村真一博士の解説を附して復刊。

※並製本・カバー装の「通常版」のほか、上製本・函入りの「愛蔵本」を数量限定で刊行。

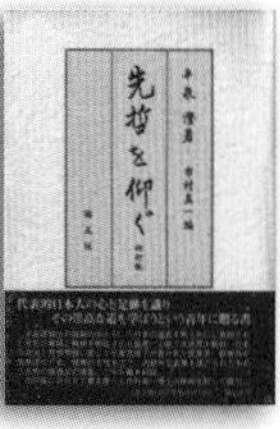

◀〔通常版〕
定価4,950円
〔本体4,500円〕
A5判・並製本・カバー装・588頁
令和3年5月発行
9784764601413

〔愛蔵本〕
定価6,600円
〔本体6,000円〕
A5判・上製本・函入・588頁
令和3年5月発行
9784764601420

水戸学の道統

名越　時正著　《水戸史学選書》

水戸史学会創立五十周年を前に、待望の復刊

「水戸学」は、徳川光圀をはじめとして数多くの先人たちが、われわれの想像も及ばない苦心によって探究し、長い年月の間の錬磨を積み重ね、そして、自分一身の生命を賭けて実践してきたものである。したがって、そこに終始一貫した道統があった。（「まえがき」より抜粋）

定価2,860円
〔本体2,600円〕
B6判・212頁
令和4年7月発行
9784764601475

鹿島神宮と水戸

梶山　孝夫著　《錦正社叢書13》

鹿島神宮と水戸藩の関係に迫る

水戸藩の歴代藩主と家臣が崇敬の誠を捧げてきた鹿島神宮。その鹿島神宮と水戸藩、松尾芭蕉、佐久良東雄との関係に焦点を当てる。光圀研究に、ひいては水戸学における神道の背景を探究する上で必読の書。

定価990円
〔本体900円〕
四六判・121頁
令和6年1月発行
9784764601529

歴史家としての徳川光圀

梶山　孝夫著　《錦正社叢書12》

水戸学の深奥にせまる

徳川光圀を水戸学あるいは水戸史学の創始者としての歴史家という視点から捉え、史家・史書・始原・憧憬・教育の五つのキーワードから水戸学の把握を試みる。

定価990円
〔本体900円〕
四六判・124頁
令和4年8月発行
9784764601482

明治維新と天皇・神社

一五〇年前の天皇と神社政策

藤本　頼生著　《錦正社叢書11》

明治維新期に行われた天皇・神社に関わる種々の改革がどのようなものであったのか

明治維新当初のわずか一年余になされた政策が、近代日本の歩み、現代へと繋がる天皇・神社にかかる諸体制の基盤となっている。

定価990円
〔本体900円〕
四六判・124頁
令和2年2月発行
9784764601406

陸軍航空の形成
軍事組織と新技術の受容

松原　治吉郎著

陸軍航空の草創期を本格的かつ系統的に明らかにした実証研究

「陸軍航空の形成期を鮮やかに浮かび上がらせている。近代日本の軍事史に対する重要な貢献であるとともに、防衛力のあり方を考える上で示唆に富む一冊だ。」――北岡伸一（東京大学名誉教授）

今日的なインプリケーションも多く含む、近代日本の軍事史研究に必読の書。

定価5,940円
〔本体5,400円〕
A5判・432頁
令和5年3月発行
9784764603554

竹内式部と宝暦事件

大貫　大樹著

竹内式部の人物像を明らかにし、宝暦事件の真相に
歴史・神学・思想の各視点から迫る総合研究書

竹内式部の人物像・学問思想及び式部門弟の思想的背景を明らかにするとともに、江戸時代を代表する社会的事件である宝暦事件を、歴史・社会・神学・思想の各視点から多角的かつ実証的に真相に迫る。

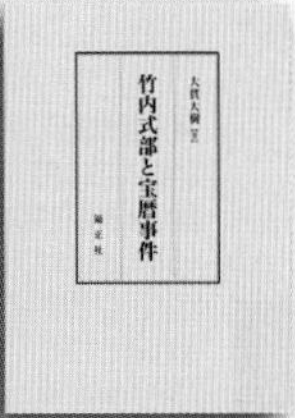

定価11,000円
〔本体10,000円〕
A5判・556頁
令和5年2月発行
9784764601505

第一次世界大戦と民間人
「武器を持たない兵士」の出現と戦後社会への影響

鍋谷　郁太郎編

「銃後」における民間人の戦争を検証する

「総力戦」といわれる第一次世界大戦を「武器を持たない兵士」としての民間人が、どの様に受け止め、如何に感じ、そして生き抜いていったのか。

ドイツ史、フランス史、イタリア史、ロシア史、ハンガリー史、そして日本史の立場からの研究成果をまとめた論集。

定価4,950円
〔本体4,500円〕
A5判・334頁
令和4年3月発行
9784764603547

日本海軍と東アジア国際政治
中国をめぐる対英米政策と戦略

小磯　隆広著

日本海軍の対英米政策・戦略を繙く

満州事変後から太平洋戦争の開戦に至るまで、日本海軍が東アジア情勢との関係において、英米の動向をいかに認識・観測し、いかなる政策と戦略を講じようとしたのか。

歴史学的検証により、昭和戦前期における日本の対外関係に海軍が果たした役割を解明する。

定価4,620円
〔本体4,200円〕
A5判・320頁
令和2年5月発行
9784764603523

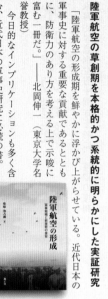

錦正社 図書案内 ③神道・国学・歴史

〒162-0041 東京都新宿区早稲田鶴巻町544-6
電話03(5261)2891 FAX03(5261)2892

東京大神宮ものがたり

大神宮の一四〇年

藤本 頼生著

日比谷から飯田橋へ神前結婚式創始の神社・東京大神宮の歴史を繙く

神宮司庁東京皇大神宮遥拝殿として創建され、戦前期には広く「日比谷大神宮」「飯田橋大神宮」の名称で崇敬されてきた東京大神宮。伊勢の神宮との深い由緒と歴史的経緯を持ち「東京のお伊勢さま」とも称される東京大神宮の創建から現在までのあゆみを多くの史料や写真をもとに紹介。

定価1,980円
〔本体1,800円〕
A5判・328頁
令和3年12月発行
9784764601451

神道とは何か 小泉八雲のみた神の国、日本

What is Shintō?

Japan, a Country of Gods, as Seen by Lafcadio Hearn

平川祐弘・牧野陽子著

日本語と英語で「神道」の核心に小泉八雲を介し、迫る

神道は海外からしばしば誤解されてきた。その神道への誤解を解くため、最初の西洋人神道発見者といえる小泉八雲（ラフカディオ・ハーン）を通じて、ハーン研究の第一人者である二人の著者が、日本文と英文で双方から日本の神道の宗教的世界観を明らかにする。

定価1,650円
〔本体1,500円〕
四六判・252頁
平成30年9月発行
9784764601376

即位禮大嘗祭 平成大禮要話

鎌田 純一著

平成の即位礼・大嘗祭を正確に伝える貴重な資料

世界各国、日本全国各地からの祝意の中、厳粛にまた盛大に執り行われた平成の即位礼・大嘗祭に御奉仕した著者が、その盛儀の大要を正確に記し、その真義をわかりやすく解説。誤解にみちた妄説を払拭する。

定価3,080円
〔本体2,800円〕
四六判・320頁
平成15年7月発行
9784764602625

日本人を育てた物語

国定教科書名文集

『日本人を育てた物語』編集委員会編

戦前の国語・修身の国定教科書から心に残る名文を厳選し収録

日本全国津々浦々、戦前の子供たち誰もが読んだ偉人伝や歴史物語など日本人としての心を育てた多くの文章の中から後世に伝えていきたい名文を厳選し収録。戦後忘れかけた日本人としての心を再認識する。

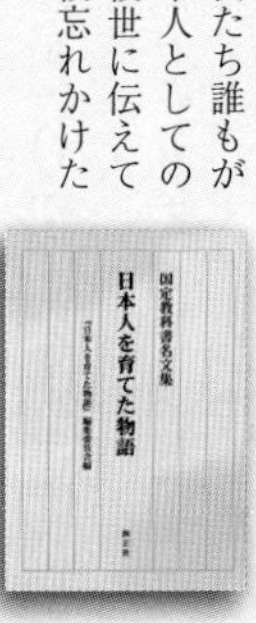

定価2,200円
〔本体2,000円〕
四六判・288頁
平成24年12月発行
9784764602946

台湾と日本人

松井 嘉和編著

台湾に関心を持つ人がぜひ知っておきたい台湾の歴史

今も残る日本統治時代の遺産、台湾近代化に貢献した日本人、日本の領有時代の意義、後藤新平の統治理念、李登輝元総統の言葉に込められた思い、これからの日台関係……歴史から豆知識まで。台湾を知りたい人、必見。

定価2,200円
〔本体2,000円〕
四六判・320頁
平成30年4月発行
9784764601352

歴史家としての徳川光圀

梶山　孝夫著　《錦正社叢書12》

水戸学の深奥にせまる

徳川光圀を水戸学あるいは水戸史学の創始者としての歴史家という視点から捉え、史家・史書・始原・憧憬・教育の五つのキーワードから水戸学の把握を試みる。

定価990円
〔本体900円〕
四六判・124頁
令和4年8月発行
9784764601482

明治維新と天皇・神社

一五〇年前の天皇と神社政策

藤本　頼生著　《錦正社叢書11》

明治維新期に行われた天皇・神社に関わる種々の改革がどのようなものであったのか

明治維新当初のわずか一年余になされた政策が、近代日本の歩み、現代へと繋がる天皇・神社にかかる諸体制の基盤となっている。

定価990円
〔本体900円〕
四六判・124頁
令和2年2月発行
9784764601406

義公漫筆

梶山　孝夫著　《錦正社叢書10》

謎と多彩さを秘めた義公の人物像に迫る

水戸学の研究において最も重要で好学の大名であり、深い学問と教養を身に付けた人物である義公（徳川光圀）。探っても探りきれない何かを秘めた義公の人物像（人間性）に注目し、多様な文献からその内奥に迫る。

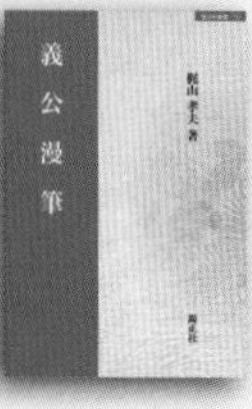

定価990円
〔本体900円〕
四六判・128頁
令和2年2月発行
9784764601390

金沢八景と金沢文庫

梶山　孝夫著　《錦正社叢書9》

金沢文庫と水戸史学の関係を探る

義公は延宝二年に金沢へ渡り鎌倉を訪れ、心越禅師は貞享四年に金沢にて八景詩を詠じ、史臣が金沢文庫において多くの史料を採取し『大日本史』編纂等に活用した。水戸学と少なからぬ関係がある金沢八景に焦点をあてた書。

定価990円
〔本体900円〕
四六判・124頁
令和元年5月発行
9784764601383

藤田幽谷のものがたりⅢ

梶山　孝夫著　《錦正社叢書8》

後期水戸学の中心的存在で水戸学の本流：幽谷のさらなる位置付けを試みる

幽谷と翠軒の間柄を縦の関係とすると、青山雲龍とのそれは横の関係といえ、お互いが忌憚のない意見を交換し、切磋琢磨できる間柄にあった。本書は、その関係に注目し、両者を歴史家としての位置づけから考える。

定価990円
〔本体900円〕
四六判・124頁
平成29年11月発行
9784764601338

一般敬語と皇室敬語がわかる本

中澤　伸弘著　《錦正社叢書7》

皇室に対する親愛の情を育て、美しく麗しい国語を守る

二千年以上の間に培ってきた皇室と国民の親愛の情の表れである「皇室敬語」。今、改めて敬語や皇室敬語・皇室用語を学び、その折々に適宜な敬語を使いましょう。

定価990円
〔本体900円〕
四六判・100頁
平成28年7月発行
9784764601277

藤田幽谷のものがたりⅡ

梶山　孝夫著　《錦正社叢書6》

藤田幽谷と立原翠軒の相剋と軋轢の問題を考える

幽谷と翠軒の相剋問題について先学の理解を丹念にたどり両派に関する主要な研究にふれ、後期水戸学を興した藤田幽谷を通し、真の水戸学とは何かに迫る。

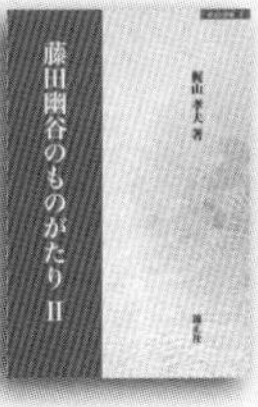

定価990円
〔本体900円〕
四六判・128頁
平成27年10月発行
9784764601246

祭神論　神道神学に基づく考察

明治神宮・札幌神社・外宮の祭神

中野　裕三著　《錦正社叢書5》

神社に祀られる御祭神とは何か？

明治神宮・札幌神社という近代に創建された神社と、伊勢の外宮にそれぞれ祀られている御祭神について「神道神学」という視点から客観的・学問的に考察する。

定価880円
〔本体800円〕
四六判・80頁
平成27年4月発行
9784764601215

安積澹泊のものがたり

梶山　孝夫著　《錦正社叢書4》

水戸を代表する儒学者で格さんのモデル・安積澹泊の人物像に迫る

藤田幽谷が著した『修史始末』の安積澹泊に関する記述を中心に、幽谷が澹泊を語るものがたり形式で、幽谷・澹泊の人物像を明らかにする。

定価990円
〔本体900円〕
四六判・128頁
平成27年1月発行
9784764601208

世界の中の神道

佐藤　一伯著　《錦正社叢書3》

近代日本の神道論を分り易く纏めた一冊

第一章では、近代の日本学者：W・G・アストンや新渡戸稲造、加藤玄智らの神道論を紹介。第二章では、明治神宮の御祭神、明治天皇・昭憲皇太后の聖徳のうち、近代の神道の教えとして重要なものを解説。第三章では、明治神宮、靖国神社、護国神社、御嶽山御嶽神明社などを中心に述べる。

定価990円
〔本体900円〕
四六判・96頁
平成26年10月発行
9784764601192

日本消滅　その防止のために

堀井　純二著　《錦正社叢書2》

〝日本消滅〟をもたらさないために今何をすべきか

祖先が営々と培ってきた日本人の生活・文化……全てに繋がる皇室の存在意義を見つめ直し、そのあり方を問う。皇室典範改正問題に一石を投ずる。

定価880円
〔本体800円〕
四六判・88頁
平成26年2月発行
9784764602991

藤田幽谷のものがたり

梶山　孝夫著　《錦正社叢書1》

藤田東湖、父幽谷を語る

東湖の父である幽谷の学問とその精神を東湖が記した「先考次郎左衛門藤田君行状」をメイン史料に小説形式で書き上げた史的根拠に基づく物語。

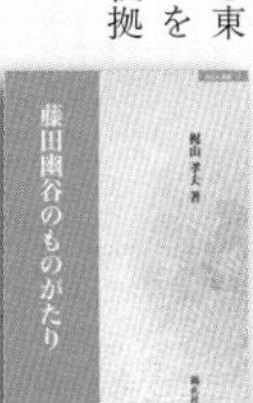

定価990円
〔本体900円〕
四六判・112頁
平成26年2月発行
9784764603004

慰霊と顕彰の間

近現代日本の戦死者観をめぐって

國學院大學研究開発推進センター編

慰霊・追悼・顕彰研究の基盤を築くために

近現代日本における戦死者の慰霊・追悼・顕彰をめぐる諸制度や担い手の言説の歴史的変遷について、多彩な分野の研究者たちが多角的かつ冷静な視点から論究する。

定価3,520円
〔本体3,200円〕
A5判・328頁
平成20年7月発行
9784764602823

霊魂・慰霊・顕彰 死者への記憶装置

國學院大學研究開発推進センター編

戦死者「霊魂・慰霊・顕彰」の基礎的研究

政治的・思想的な対立軸を受けやすい戦没者慰霊に関する諸問題の中で神道的慰霊・顕彰と「怨親平等」思想、近代における戦没者慰霊の場や招魂祭祀、仏教の関与、災害死者との差異など霊魂観の性格に直結する事象を中心に多彩な研究者が思想信条の垣根を越え実証的かつ冷静に論究。

定価3,740円
〔本体3,400円〕
A5判・360頁
平成22年3月発行
9784764602847

招魂と慰霊の系譜

「靖國」の思想を問う

國學院大學研究開発推進センター編

「招魂と慰霊の系譜」を問いなおす

「靖國問題」に代表される近代日本に於ける慰霊・追悼のあり方や招魂・顕彰といった問題に迫る論集。客観的かつ実証的な研究から思想的対立を超えた真の自由な議論を導く。

定価3,740円
〔本体3,400円〕
A5判・352頁
平成25年3月発行
9784764602960

天地十分春風吹き満つ

大正天皇御製詩拝読

西川 泰彦著

「真の大正天皇像」を知る為の本

英邁にして剛健なる、大正天皇の御姿を知りませう。平易な意訳と、懇切な参考欄の説明とに依り、「大正天皇御製詩（漢詩）」の世界に親しみませう。神道文化賞受賞。

定価3,080円
〔本体2,800円〕
A5判・480頁
平成18年4月発行
9784764602700

貞明皇后 その御歌と御詩の世界

『貞明皇后御集』拝読

西川 泰彦著

貞明皇后の御歌と御詩とを拝読し、御坤徳を仰ぎ奉る

御歌の註と、御詩の語釈・意訳・参考の解説により、貞明皇后の美しい御歌と御詩を玩味しませう。「尊きを敬ひ、美しきを称へる、そんな素直な心をあらためて覚えさせて呉れる書である。」（富山縣護國神社 栂野守雄宮司 序文）

定価3,080円
〔本体2,800円〕
A5判・418頁
平成19年10月発行
9784764602793

歴代天皇で読む日本の正史

吉重 丈夫著

歴代天皇毎に皇紀で読む日本の通史

皇紀元年に初代・神武天皇が橿原の地で即位された日本の建国から明治維新に至るまでの日本の正史を『日本書紀』『古事記』等の記述をもとに皇紀で綴る。日本の歴史を歴代天皇毎に、編年体で分り易くまとめた日本の通史。

定価3,960円
〔本体3,600円〕
A5判・656頁
平成27年4月発行
9784764601222

錦正社 図書案内 ⑤水戸学

〒162-0041 東京都新宿区早稲田鶴巻町544-6
電話03(5261)2891 FAX03(5261)2892
https://kinseisha.jp/

水戸斉昭の『偕楽園記』碑文

安見 隆雄著 《水戸の碑文シリーズ5》

水戸偕楽園造営の趣意を示した『偕楽園記』の解説書

原文・書き下し文・平易な意訳と丁寧な解説の他、偕楽園と好文亭、斉昭と茶道、付録には徳川斉昭・偕楽園・『偕楽園記』の貴重な英文史料も収録。斉昭の宇宙観や芸術観、為政者としての姿勢などを読み取る。

定価1,320円〔本体1,200円〕
B6判・112頁
平成18年7月発行
9784764602717

原伍軒と『菁莪遺徳碑』

久野 勝弥著 《水戸の碑文シリーズ4》

原伍軒（原市之進）の生涯と業績を知る

水戸偕楽園の一画に建つ原伍軒の顕彰碑『菁莪遺徳碑』の碑文によって藤田東湖亡き後の水戸藩を代表する人物・原伍軒の生涯と業績を解説し、その歴史的位置を考察する。

定価1,320円〔本体1,200円〕
B6判・118頁
平成17年4月発行
9784764602670

水戸学の窓 原典から読み解く水戸学

宮田 正彦著 水戸史学会発行、錦正社発売

「水戸学」本当の姿を考える

水戸学とは、本当はどのような姿をしているものなのか。漢文で書かれた先人たちの文章を味読し、その疑問に応える。

定価2,750円〔本体2,500円〕
A5判・212頁
平成29年11月発行
9784764601321

水戸光圀の『梅里先生碑』

宮田 正彦著 《水戸の碑文シリーズ3》

梅里先生碑の文は水戸光圀の自伝である

全文僅か二九九文字のものであるが、水戸光圀自身が後世に残すつもりで書き記し、この中に水戸光圀七十三年の生涯のエキスが詰め込まれている。Q&Aも必読。

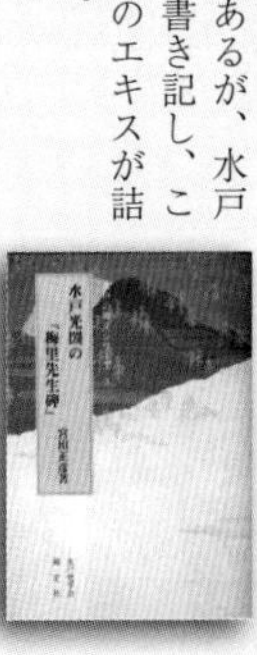

定価1,320円〔本体1,200円〕
B6判・96頁
平成16年3月発行
9784764602656

水戸烈公と藤田東湖『弘道館記』の碑文

但野 正弘著 《水戸の碑文シリーズ2》

天下の名文『弘道館記』碑文の解説書

「弘道館」の、建学の精神を格調高く天下に宣言した『弘道館記』の原文と書き下し文・平易な現代語訳と語釈。

定価1,100円〔本体1,000円〕
B6判・120頁
平成14年8月発行
9784764602618

栗田寛博士と『継往開来』の碑文

照沼 好文著 《水戸の碑文シリーズ1》

現代の私たちが失っている「学問の意味」とは？

内藤耻叟撰文の『継往開来』の碑文を中心に、明治の碩学栗田寛の生涯について述べる。その生涯と業績は、総てこの碑文の中に濃縮されている。

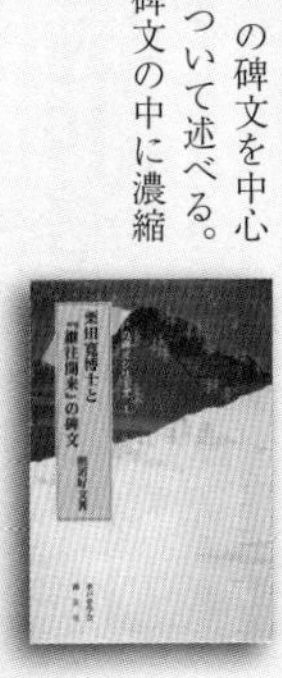

定価1,540円〔本体1,400円〕
B6判・90頁
平成14年3月発行
9784764602588

水戸の国学者 吉田活堂

梶山 孝夫著 《水戸の人物シリーズ11》

水戸のユニークな国学者吉田活堂(令世)の人物像に迫る

藤田幽谷の門人で、東湖の義兄に当たる吉田活堂は、水戸学に国学を積極的に取り入れようとした人物である。本書は、水戸学の一翼を担った吉田活堂に光を当て、彼の生涯を明らかにし、水戸学・国学史上の役割を考える。

定価1,430円
〔本体1,300円〕
B6判・132頁
平成30年7月発行
9784764601369

会沢正志斎の生涯

安見 隆雄著 《水戸の人物シリーズ10》

後期水戸学の大成者会沢正志斎の生涯に迫る

明治新政府の組織・制度の確立に大きな役割を果たした『新論』の著者にして彰考館の総裁・弘道館の総教であった会沢正志斎が水戸藩政に果たした功績とは。水戸藩の幕末・維新史としても必読の書。

定価2,530円
〔本体2,300円〕
B6判・228頁
平成28年5月発行
9784764601260

慈愛の郡奉行 小宮山楓軒

仲田 昭一著 《水戸の人物シリーズ9》

水戸藩の名郡奉行＝楓軒の人物像を明らかに

水戸藩で農村改革の実践に当たった小宮山楓軒。名郡奉行としての人格、政策遂行共に優れ、領民に慕われた楓軒の人物像と学者としての素顔、業績を明らかにする。生涯・業績を繙き慈愛の心溢れる楓軒の気概を学ぶ。

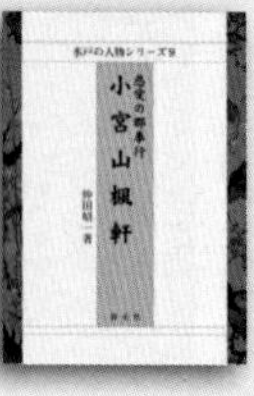

定価1,650円
〔本体1,500円〕
B6判・160頁
平成24年7月発行
9784764602939

桜田門外の変と蓮田一五郎

但野 正弘著 《水戸の人物シリーズ8》

「桜田門外の変」の真相と桜田烈士蓮田一五郎の生涯

安政の大獄から桜田門外の変に至る幕末の複雑な経緯や事変の真相を判りやすく解説するとともに、貧しい下士の家に生まれ苦学力行し、井伊大老要撃に一命掛け、二十九歳で処刑された蓮田一五郎の人物像を母姉宛の「遺書」や「手記」「桜田事変図」など残された史料から解き明かす。

定価1,210円
〔本体1,100円〕
B6判・136頁
平成22年7月発行
9784764602854

助さん・佐々介三郎の旅人生

但野 正弘著 《水戸の人物シリーズ7》

〝助さん〟こと佐々介三郎の生涯と人物像に迫る

瀬戸内海の一小島で一家の旅の途中に生まれ、前半生は僧侶として、後半生は水戸藩士・史臣として「旅」とともに生涯を送った佐々介三郎。その本当の人物像とは？ 佐々介三郎を研究し続けた著者が判りやすく紹介する。

定価1,760円
〔本体1,600円〕
B6判・180頁
平成20年7月発行
9784764602830

藤田東湖の生涯

但野 正弘著 《水戸の人物シリーズ6》

藩政改革の傑人藤田東湖の実像に迫る

慶喜公に伝えられた義公以来の遺訓は幕府最後の土壇場で見事な光を放ち日本国家を守ることができた。その遺訓こそが「水戸の心」であり、藤田東湖のいう「大義を明らかにして人心を正す」にほかならなかった。

定価1,430円
〔本体1,300円〕
B6判・176頁
平成9年10月発行
9784764603516

水戸学の道統

名越　時正著　《水戸史学選書》

水戸史学会創立五十周年を前に、待望の復刊

「水戸学」は、徳川光圀をはじめとして数多くの先人たちが、苦心によって探究し、長い年月の間の錬磨を積み重ね、そして、自分一身の生命を賭けて実践してきたものである。したがって、そこに終始一貫した道統があった。

定価2,860円
〔本体2,600円〕
B6判・212頁
令和4年7月発行
9784764601475

若き日の藤田幽谷 その学問形成

梶山　孝夫著　《水戸史学選書》

青少年期の幽谷に焦点を当て、その学問形成を探る

後期水戸学の中心的存在で水戸学の本流であった藤田幽谷の青少年期の学問成果に注目し、その形成の一端を明らかにする。

定価3,520円
〔本体3,200円〕
B6判・312頁
令和3年7月発行
9784764601444

吉田松陰と水戸

仲田　昭一著　《水戸史学選書》

「水府の学」「水戸学」の今日的意味を問う

「他藩士と水戸」では、高山彦九郎が果たした影響、吉田松陰が学び得た水戸の学問、天狗・諸生の争乱とこれに参加した越惣太郎の役割、小宮山楓軒による諸藩と水戸藩の治政を比較した名観察等を紹介。

定価3,740円
〔本体3,400円〕
B6判・352頁
平成27年7月発行
9784764601239

現代水戸学論批判

梶山　孝夫著　《水戸史学選書》

水戸学とは、一体、何なのか

水戸学の探究のためにも現代水戸学論の批判と修正を図りつつ、虚心坦懐に水戸の先人が求めたところを明らかにする。

定価2,970円
〔本体2,700円〕
B6判・288頁
平成19年5月発行
9784764602731

水戸学の復興 幽谷・東湖そして烈公

宮田　正彦著　《水戸史学選書》

光圀歿後、水戸学を支え復興した精神と行動を藤田幽谷・藤田東湖・烈公（徳川斉昭）を通して探る

定価3,080円
〔本体2,800円〕
B6判・256頁
平成26年7月発行
9784764601185

水戸学逍遥

但野　正弘著　《水戸史学選書》

意外と知られていない水戸の歴史に触れる

吉田松陰・橋本景岳・渋沢栄一と水戸の関わりや水戸藩における震災・津波の歴史、ドラマ等で描かれる水戸藩と史実との乖離……。

定価2,530円
〔本体2,300円〕
B6判・208頁
平成26年1月発行
9784764602984

水戸光圀の餘香を訪ねて

住谷　光一著　《水戸史学選書》

光圀公由縁の地を著者自ら訪ね続けること八年余

旧家を尋ね当ては、その遺風の三百年を隔ててなほ人々に慕はるるに驚き、湮滅した遺跡の迹に立つては、これを土地の人に尋ね、さらに文献を渉猟して、その感激・感懐を筆に託して纏めあげた珠玉の書。

定価3,080円
〔本体2,800円〕
B6判・250頁
平成19年5月発行
9784764602748

続　水戸光圀の餘香を訪ねて

住谷　光一著　《水戸史学選書》

光圀由縁の地を訪ね時空を越えて伝わる面影を垣間見る

前著に続き、その感激・感懐を筆に託して昔日の物語を繙く。

定価3,080円
〔本体2,800円〕
B6判・240頁
平成23年11月発行
9784764602915

続々　水戸光圀の餘香を訪ねて

住谷　光一著　《水戸史学選書》

人々の心の奥深くにしみ込んでいる光圀の偉大な足跡

定価3,080円
〔本体2,800円〕
B6判・264頁
平成29年7月発行
9784764601314

水戸藩と領民

仲田　昭一著

《水戸史学選書》

水戸藩と領民が織りなす厳しくも温かく美しい人間模様

水戸藩と領民とが諸課題に立ち向かい、謙虚に、誠実に未来を開こうとした先人達の「誠意」を抽出してその想いを今に伝える。

定価2,970円〔本体2,700円〕B6判・256頁　平成20年7月発行　9784764602816

大日本史の史眼 その構成と叙述

梶山　孝夫著

《水戸史学選書》

水戸の学問の集大成である『大日本史』の神髄に迫る

『史記』に依拠したものとされる『大日本史』の構成と叙述に於ける相違点を徹底的に検証し、その特色を探求しようと試みる。

定価3,740円〔本体3,400円〕B6判・336頁　平成25年2月発行　9784764602953

大日本史と扶桑拾葉集

梶山　孝夫著

《水戸史学選書》

大日本史と扶桑拾葉集の今日的役割を明らかにする

水戸藩が総力をあげて編纂した「大日本史」と「扶桑拾葉集」どちらも汲めども尽きない巨大な学問大系を有している。

定価3,190円〔本体2,900円〕B6判・230頁　平成14年7月発行　9784764602595

北方領土探検史の新研究

その水戸藩との関はり

吉澤　義一著

《水戸史学選書》

幕末の日露交渉の真相に迫る

間宮林蔵、木村謙次、松浦武四郎らと水戸藩とのつながりを考究。

定価3,740円〔本体3,400円〕B6判・256頁　平成15年7月発行　9784764602632

新版 佐々介三郎宗淳

但野　正弘著

《水戸史学選書》

黄門様の片腕助さんこと佐々介三郎の実像に迫る

定価3,311円〔本体3,010円〕B6判・262頁　昭和63年7月発行　9784764602106

水戸光圀と京都

安見　隆雄著

《水戸史学選書》

義公薨後三百年記念出版

義公が朝廷を深く崇敬したことは多くの史料などから明らかであり、そこに光圀の学問・精神があり、これによって興ったのが水戸学である。

定価4,290円〔本体3,900円〕B6判・404頁　平成12年2月発行　9784764602533

水戸の學風 特に栗田寛博士を中心として

照沼　好文著

《水戸史学選書》

水戸出身の明治の碩学で『大日本史』の完成者

定価3,520円〔本体3,200円〕B6判・286頁　平成10年7月発行　9784764602465

水戸光圀の遺猷

宮田　正彦著

《水戸史学選書》

「水戸黄門」の真実の一端を明らかにする

定価3,960円〔本体3,600円〕B6判・300頁　平成10年2月発行　9784764602458

水戸の國學 吉田活堂を中心として

梶山　孝夫著

《水戸史学選書》

古典研究の流れに大きな役割を果たしてきた水戸学

定価3,740円〔本体3,400円〕B6判・300頁　平成9年4月発行　9784764602328

他藩士の見た水戸

久野　勝弥編

《水戸史学選書》

近代日本の成立に重大な影響があった水戸の思想と行動

定価2,970円〔本体2,700円〕B6判・222頁　平成3年7月発行　9784764602168

新版 水戸光圀

名越　時正著

《水戸史学選書》

義公から脈々と著者に伝わる「興廃継絶」の精神

定価3,098円〔本体2,816円〕B6判・228頁　昭和61年7月発行　9784764602038

月日御文庫江納書籍」（割註に「書名略之、奉納人姓名如左。」とみえる）として五十三名の里人の名を記し、さらに社家妻女十一名を挙げているのである。次にその人々の名を掲げてみよう。

大町　山辺弥八郎・栗林五郎兵衛・鈴木茂左衛門・木滝藤右衛門・藤城金之丞・栗林庄三郎・栗林兵庫・大里清大《ママ》夫・栗林源左衛門・関口庄五郎・青野孫右衛門・栗林権兵衛・大場甚兵衛・平嶋太兵衛・青木利右衛門・天夜源五左衛門（孫作事）・宮本弥五兵衛・松本市兵衛・小沼権九郎・金田兼大夫・貝田庄右衛門・増田伝兵衛・山本平八郎・二川善太郎・小沼吉左衛門・猿田六左衛門・山口善兵衛・萩原勘右衛門・飯田平四郎・海老源右衛門・天夜治郎右衛門・川辺太左衛門・大里長左衛門・猿田十左衛門・木滝藤兵衛・佐藤清三郎・平沼清右衛門

新町　深川新兵衛

中町　山辺八郎左衛門・飯塚惣右衛門・白藤市郎兵衛・内山助左衛門・藤城四郎兵衛・同藤次郎・同所平兵衛・青柳三之丞

桜町　内田治左衛門

角内　小堀治兵衛・猿田甚右衛門・青木善次郎・細物屋次郎助・高安半三郎・内田市右衛門

惣大行事

枝家禰宜

大神

家司神

社家中妻女　伝神敦通母村田氏女・枝家禰宜敦次母栗林氏女・小別当敦□母塙氏女・平田神広家母布施氏女・大神敦正妻萩原氏女・行事禰宜則隆妻山辺氏女・家司神敦忠妻萩原氏女・大傔丈敦宣妻浅岡氏女・小笛敦益妻礼氏女・布施掃部則正妻平内氏女・山辺八郎左衛門忠吉妻天夜氏女

大町《おおまち》・新町・中町・桜町・角内《すみうち》は五ケ町と称された門前の地区名、惣大行事以下は大小社家の名のことである。これらをみると、門前の社家や町内の有力者を網羅した観があり、また妻女の役割も窺えるが、それは文庫への関心と期待の顕現でもあるだろう。「其の目録別にあり」と「始末」は記すが、彰考館文庫に所蔵される写本はその一本に違いない。目録については次章で述べよう。

「史館講釈は大日本史編集精神の大衆化、普遍化、社会化ともいふべ[5]」きものであれば、鹿島文庫はまさにその実践を意図したものということができるであろう。それは、文庫において講釈が行われた事実を確認することができるからである[6]。講釈については次章で述べよう。なお、上梁文を書いた人見道設は当時彰考館編修（後に総裁、卜幽の養子となった又左衛門）であり、人見友元は竹洞と号した江戸の儒者である。

このようにみてくると、規模においては彰考館の文庫に到底及ぶべくもないが、文庫創設の源泉を光圀に求めることは可能なのではあるまいか。その後の文庫の様子については次章に譲り、宝永年間（則定の代）に再興された際には『扶桑拾葉集』が奉納され、清水宗茂（水戸とも関係があった大納言清水谷実業の門人）による和書一千部の寄贈があり、その後も度々講釈が行われたことを指摘するに止めておこう。

なお、則直は延宝五年に神宮寺と護国院を神宮境内から外の新町に移しているが、これは光圀の意

向によるとのことである。(7)

四　義公光圀と大宮司則長

ここまで光圀と則直との関係をみてきたが、光圀の鹿島神宮への参拝を確認することはできなかった。(8)それでは次の則長の代にはどうであろうか。『水戸義公全集』には八通の大宮司宛書簡が収録されており、そのすべてが則長宛書簡と判断されるから、まずこの書簡から検討してみることにしよう。八通のうち二通は「水戸義公元禄九年御書草案」に収めるものであるから発信年次に関して問題はないが、「水戸義公書簡集」に収録されている他の六通（六九〜七四）は発信年次を確定するのが容易ではない。この六通のうち、文面からして発信年次が確定できるのは七三の次の書簡である。

去十八日拝任大宮司職、再被復本知之由、多年欝望忽開、恐悦之趣、早々示諭。於下官珍重多々、弥謹厚被相勤、神徳逐日繁栄之事尤所希也。頓首

十月廿七日　　　　西山前中納言光圀

鹿島大宮司伊織殿

冒頭の「去十八日拝任大宮司職、再被復本知之由」というのは、伊織すなわち則長が大宮司職に復帰したことを述べているのであって、この書簡が復職を祝うためのものであることは明らかである。その年月は『鹿島神宮文書』所収の「中臣鹿島連姓鹿島氏系譜」（以下、「系譜」と略記する）に「元禄六

年癸酉十月十八日還職」とみえるところから確実である。したがって、この書簡は元禄六年十月二十七日の発信となる。『大宮司日記』元禄六年十一月二日の条に「水戸西山中納言光圀公より御書御□ちやうたい致候事」とみえるのは、この書簡のことに相違あるまい。

そうすると、光圀と則長の交遊関係がそれ以前に成立していなければならないはずであるが、これを探究する前に則長について一瞥しその糸口としよう。則長は先代大宮司則直の長男として延宝三年五月十一日に誕生した。母かめは一女（則長誕生の翌年四歳で夭折）一男（則長）を生んだが、則長を生んだ後二ヶ月にして没している。『大宮司日記』延宝三年五月十一日の条には「則直が妻女平産いたし男子ニテ候」との記載をみることができ、また十二日の条には祖父則敦によって則直の本の名をとって伊織と付けられたことがみえる。やがて、延宝八年二月に則直が三十四歳で卒すると則長はわずかに六歳で大宮司職を継いだのである。隠居していた祖父則敦と大叔父塙広光が後見することになったが、六歳にして大宮司職を勤めることは容易ではなかったはずである。果たして「襲職後訴訟打続不穏」（「系譜」）となり、遂に貞享四年八月十八日その職を追われてしまった。時に十三歳であった。祖父則敦が貞享元年に卒していたことも大きく関係していたものと思われるが、以後大宮司は欠職となった。則長は末家の姓である塙を称し、百石が与えられた。奇しくもその下知状の伝達は則直によって創設された文庫において行われた。その後は復職のために寺社奉行への働きかけを行い、ようやく元禄六年十月十八日復職が叶ったのである。

五　則長の大宮司職復帰運動

則長の大宮司職復帰の経過について「系譜」は何も語ってはいない。頼りとするのは『大宮司日記』であるが、生憎と貞享四年八月の記載を欠いている。日記は九月からであり、また復職直前の元禄六年六月から十月にかけての記載がみえるので、これらによってその経緯を窺ってみることにしよう。

日記は九月四日から記載され、五日に文庫で裁許状と下知状が読み上げられ、その内容を記述するところからこの一件が始まる。それは「大宮司職被召上」以後の大宮司の石高や屋敷の使用等から他の神官や寺院との関係についての詳細な記録であり、また日常の業務が主な記載である。

元禄六年は六月七日に「寺社御奉行え願書」を申し上げたところから記載が始まるが、則長は復職嘆願のために江戸に滞在していた。一連の経緯を窺うに足るのは十八日の条にみえる次の記載である。

塙伊織御前へ罷出候様ニと役人衆被申候ニ付御三人御□□《ムシ》罷出候処、本多紀伊守殿被仰候ハ伊織は大宮司筋目ニ候哉と被仰候得共、戸田能登守殿被仰候はいかにも伊織は大宮司惣領ニテ候へ共、伊織より外大宮司ニ成ル者無之候と被仰候。又紀伊守殿被仰候は伊織は何とて大宮司職被召上候哉と被仰候へは、能登守殿被仰候は出入有之候間被召上候。縦出入有之候ても只今之比ニ候へは不召放候へ共、其父節は幼少ニテ社役も不罷成候故欠職ニ申付候と被仰候へハ、又紀伊守殿被仰候ハ其出入之わけハいかやうに候哉と被仰候処、能登守殿被仰候ハ何とも□《ムシ》出入之わけは伊織は存間敷候。出入之わけヲ存ル比ニテ候へは欠職ニハ不申付候。出入之わけハ私能存候間私方へ御相談可被成候□角伊織は大宮司ニ申付候ハでハ成リ申間敷候と被仰候へハ、松浦壱岐守殿被仰候ハいかにも能登守殿了簡能可有御座候と被仰候。紀伊守殿被仰候は□角重分相談可申候間なかふ願候様ニと被仰候ニ付罷立候事。

文中の本多紀伊守・戸田能登守・松浦壱岐守は、当時寺社奉行を勤めていたので則長は嘆願に参上したのである。欠職の理由は「出入」とみえるのみであるが、伊織には好意的な態度が読み取れる。しかし、事はすぐには運ばなかった。その後も度々「うかゝひ」のことがみえ、二十七日の条には「拾八両宛之上納金」のことがあり、七月七日には奉行衆への七夕祝儀の挨拶を行い、八月に入っても奉行への伺いを続けた。九月になると、三日の条に「柳沢出羽守殿へ御なり候事」という記事がみえ、九日には節句の挨拶に奉行衆へ参り、十月に入っても本多・戸田両奉行への「うかゝひ」が続いた。いよいよ十七日、戸田能登守より明日紀伊守宅へ参上するように使いが来て「御うけ覚」を提出した。十八日「明六ツ時分本田《ママ》紀伊守殿へ参申」したところ「今度大宮司ニ申付候間左様ニ心い《ママ》可申候。新知行弐百石申付」となり、念願の復職を成し遂げたのである。十九日に中山備前守へ知らせ、さらに御年寄藤井紋太夫をはじめ奉行・用人等四人にも報告して廻った。二十日には「水戸中将様より御使被下」お祝いの口上があった。二十二日の条には「小石川御殿え被成セ候事」とあり、二十六日には「紀伊守殿へ参候」とみえる。そして、先に引いた十一月二日の光圀の御書と御使の記事となるのである。(9)

以上にみたように六月以後の記載では光圀との接点が確認できないのであるが、突然に復職祝いの書簡が来るはずはないと思われるから、それ以前に何らかの接触があり交遊関係が成立していたのであろう。それは光圀のみでなく、江戸で復職の陳情をする以上、水戸家との関係も維持されねばならなかった。十九日や二十日の記載は、それを物語るものであろう。なお、元禄九年五月十二日には、「水戸殿様（中将綱条のこと、この年四十二歳）御厄年御祈禱」をも仰せ付けられている。いずれにしても、光圀は則敦以来、歴代の鹿島大宮司と交遊を続けており、それは則長の代にも及んだ。水戸家と大宮司家の関係はこのような交遊を背景として維持されていたということができるだろう。

六　大宮司則長の水戸・太田訪問

父則直と同様に則長は度々江戸や水戸を訪れているが、そのうち二回は太田まで足を延ばした（あるいは延ばそうとした）ことが『大宮司日記』によって確認できる。まず、元禄八年であるが、三月六日夜水戸に着いて下町の井出如泉宅に泊まり、翌日谷小左衛門（小左衛門の妻と則長の妻さひは姉妹、則長の婚姻は元禄十一年七月のことである）を見舞い、光圀への御見舞いの件を相談した。八日小左衛門の指図により太田へ参り、九日鱒二本を差し上げ口上したところ、朝比奈平太郎が使いとして来た。九日の条には「是ハ母方ニ付我等と縁者之由御存知被遊候ニ付被遣候由」とみえ、さらに「西山御殿へ伺書仕御目見申上候」とあって、お目見えを確認することができる。そして「御料理頂戴」となり、晩には「そは切頂戴」し、平太郎が宿まで遣わされてきた。十日は平太郎の案内によって「ずいりやう」(瑞竜)等を見物し、「御礼ニ伺書仕候」ところ平太郎より手紙が参り「鷹壱羽絹壱疋」を拝領したので、御礼の書を差し上げ、明日帰る旨申し上げた。十一日水戸に帰り、十二・十三日と小左衛門他を見舞い、十四日水戸を発ち帰宅したのである。九日間の旅であった。帰って後、四月四日には西山から「御直書」が届いている。

翌九年の三月にも水戸を訪れた。九日暮六ツ時水戸へ着き、十日大田原伝七等を見舞い「中納言様御機嫌窺相談致候」ところ、十一日の加藤四郎衛門や伊藤七内の口上によれば、

　鹿島大宮司ニテ御座候。中納言様御機嫌窺ニ参上仕候へ共、昨晩御中御殿え被入。候由承知仕候故、太田へは参上不仕候。御次手も御座候。

とのことであった。十二日にも同様の趣旨が伝えられ「ひかへ候様と」のことであり、十三日も「ひかへ」ていたが「献上物相納候様ニと申参候」と伝えられ、十四日に水戸を発って帰宅した。今度は六日間の滞在となったが、お目見えは叶わなかった。

則長が帰宅する一ヶ月前の二月十四日、実は光圀が板久(潮来)へ到着していたのである。『大宮司日記』には「水戸西山中納言様当社え御成之由」とあり、また「しのひ下候て御当宮参詣ニ参候御出ニ及不申候と被申越候」とみえている。しかし、十五日の記載が欠けているためその後の様子が摑めないのであるが、同行してきた日乗上人の日記には次のような記述がみえる。

　今日ハ御意にて鹿島一見に参る。舟にてゆく也。大舟戸といふ所にて舟よりおりてかごにてゆく

也。島の境地ハ見事なる所也。宮ハ相向也。

丁度この日は祭頭祭（常楽会）の当日であり賑やかであったが、光圀は果たして鹿島神宮を参拝したのであろうか。「御意にて」というのは光圀の御意という意味であるから、自ら参拝しておればこういう記載はあり得ないのではなかろうか。ただ、『大宮司日記』十四日の条には何度も「中納言様御さんけい之由」や「御成之旨」がみえ、明日は御見舞いを申し上げる旨の記載があり、否定しにくいのである。

ところで、「水戸義公元禄九年御書草案」には二月十七日付塙伊織（則長）宛の書簡（一〇九）が収録されている。それには、

昨日ハ御入来之処、不接芝眉、残念多々、為申謝如此候、頓首

とあり、さらに「是も板久ニ而文ハ認ル由」との割註が添えられている。文面では明らかに則長が板久の光圀のところへ参上したが、会えなかったのであり、そのことを謝したのがこの書簡である。昨日というから十六日のことであり、仮に十五日に光圀の参拝があれば当然則長が案内を勤めたはずであるから、翌日再び見舞いに板久へ出向くことは考えなくてよいのではなかろうか。光圀の十五日参拝は実施されず、そこで翌日則長は板久に御見舞いに出かけたが叶わなかったので、前年も太田訪問をしたとはいえ、この年の御見舞いを企てることになったのではあるまいか。このように考えると「御意」は日乗上人の代参の意と解してよいであろう。いずれにしても、『大宮司日記』は十五日以後の記載を欠いているので確かめるすべはない(10)。

七　義公光圀の則長宛書簡

これまでに光圀の書簡を二通引用した。以下には他の六通の検討を試みよう。まず、「水戸義公元禄九年御書草案」に収めるもう一通（一三二）であるが、発信は三月十七日、文面は「其表愈御無為候哉。仍雖菲薄至、白魚目刺一箱送入之候。誠書印迄候。頓首」である。物は少ないが白魚と目刺を届けた訳である。『大宮司日記』同年三月十九日の条に、

水戸西山中納言様より御飛きゃくニテ御書并白うを目さし壱箱被下候。

とみえるので、この時の「御書」であることが確認できる（傍点筆者）。

問題は『大宮司日記』からは確認できない「水戸義公書簡集」の五通であるが、七一は冒頭に「就少将縁組」とあるのは吉孚（光圀の孫）のことと思われるので元禄十一年六月十三日の発信であろう。少将は綱条のこととも考えられないではないが、そうすれば延宝七年と推測され、宛先は父則直となる。しかし、塙伊織と記されているので則長であろう。先にみたように伊織は則直の名でもあるが、塙姓は則長が欠職時に称したことによるからやはり則直では無理があろう。七二は文面のみでは判断できないが、日付が「閏九月廿六日」であることから、元禄十二年であろう。則長の大宮司職復帰以後閏月がみられるのは七年五月・十年二月・十二年九月のみだからである。七四は日付が「閏月七日」なので元禄七年か十年であろう。六九と七〇は確定することができないが、引退後の光圀が大宮

司に復職した則長に宛てた書簡であることには間違いがないであろう。この五通はいずれも訪問か書簡に対する返礼として認められたものであり、そこには光圀と則長の並々ならぬ間柄を推察させるものがあるように思われる。

また、この他にも光圀からの書簡があったことは『大宮司日記』元禄十一年二月二十八日の条に「西山中納言様ヨリ御書頂戴」とみえることによって知られる。

おわりに

光圀と大宮司家の関係は三代に及んだが、本章では則直・則長父子との間柄に焦点を当ててきた。最後に光圀と則長の関係をまとめて結びとしよう。これまで両者の関係を「交遊」といい「並々ならぬ間柄」と記したが、光圀と則長は年齢関係からは祖父と孫といえるほどである。則長が誕生した延宝三年に光圀は四十八歳であり、十年後の貞享二年に孫吉孚が生まれている。光圀は引退して水戸に移るまでこの孫吉孚を引き取って養育し、大きな期待を寄せていたことを念頭においてみると、則長にも孫のような思いを抱いていたのではないだろうか。大宮司としての則長には前後比べても大きな業績がある訳ではなく、むしろ欠職という未曽有の困難に遭遇し、短い生涯の大半はその処理や善後策に駆け回らねばならなかったのである。[11] あるいはこのような事情が光圀に何かしらの共鳴を抱かせたのかもしれない。[12]

元禄十二年正月九日、則長は江戸に上った。鹿島に帰ったのは三月二十六日であったから三ヶ月近くも江戸に滞在した訳である。その間寺社奉行はもとより水戸家に年始の挨拶に行ったりしていたが、二月五日の条には「去ル廿四五日時分西山中納言様いたくゐ被成候由（中略）其節東主膳御供申候由及承候事」とみえるので、光圀の動静にも気を配っていたと思われる。四月三日の条には西山からの飛脚の件が記されているのでその応答が窺われる。

このような断片的な記載からではあるけれども、そこには光圀との間柄の一端を窺い知ることができるように思われる。元禄十三年二月一日、則長は二十六歳で病没することになるが、父則直より八年短い生涯であった。一方、光圀は十ヶ月後、西山で薨ずるのである。

註

（1）たとえば拙稿「鹿島神宮と水戸藩」（『茨城史学』第二十四号所載）、「烈公斉昭の鹿島神宮景仰」（『常総の歴史』第四号所載、『水戸派国学の研究』にも収録）、「水戸藩における鹿島神宮の崇敬」（『鹿嶋史叢』第二十号所載）等の言及である。また、水戸人ではないが、光圀に招聘された東皐心越が貞享元年に参詣して「咏鹿島鎮鰲石并跋」（鎮鰲石は要石）を作ったことも加えてよい。

（2）『鹿島町史』第一巻、『鹿島町史料集・社家文書巻壱』、堀田富夫「水戸殿参詣記」（『文化財だより』第十号所載）及び前掲拙稿等。

（3）今井有順と水戸の神道については拙著『水戸派国学の研究』第五編を参照されたい。

（4）妻は水戸藩士中山氏の女で、水戸や板久において光圀にお目見えし、叙位の際にも水戸家からの助力を仰いでいる。

（5）荷見守文「彰考館と教育」（『大日本史の研究』所収）三八四ページ。

(6) 例えば『大宮司日記』延宝六年九月二十一日の条に「大学ノ講尺《ママ》始メ申候昨日者御神前文庫ニて神代巻講尺《ママ》アリ」、同二十二日の条に「今日モ大学ノ講尺《ママ》アリ」、貞享五年十一月朔日の条に「今日文庫ニテ論語講釈有之候間我等も出聞之」等とみえる。

(7) 藤田東湖『常陸帯』中の「神社を尊崇し給ふ事」という条の割註に「鹿島の神宮にも中古より神宮寺といふもの出で来て、宮近き地にありしを今の地に移せしは延宝年中のこととなれば、是等義公の建議し給ふならむと思へども、未だ其たしかなることをしらず」とみえるが、『鹿島神宮文書』所収の「系譜」によれば延宝五年のことである。

(8) 鹿島神宮では貞享元年の光圀参拝を指摘するが（『新鹿島神宮誌』）、水戸側の史料では確認できない。また、『大宮司日記』はこの年の記載を欠いている。なお、則直との関係では次のような文書が知られるので掲げておこう（茨城県立歴史館『鹿島則幸家文書目録』七五七）。

就水戸殿官位御昇進、昨日者私宅江茂御出、委細御演述之旨趣、則望令言達候。其節御屋形罷在不能貴面候故、先如此御座候。恐惶謹言

極月七日　（花押）

これは藤井紋太夫から鹿嶋伊織宛の文書であるが、伊織は則直でなければならない。それは則長であれば塙姓のはずであるが、紋太夫は元禄七年十一月二十三日光圀によって誅されており、「水戸殿官位御昇進」は元禄六年十二月の綱条の従三位叙任を指すと思われ、この発信は元禄六年ということになるからである。

(9) 中山信名の『鹿島事跡』六（茨城県立歴史館所蔵複写本による）に「就大宮司還職申渡覚」（元禄六年十一月十日付、本多・戸田・松浦の三奉行から大宮司則長・惣大行事鹿嶋胤知・当禰宜東胤栄宛）という史料が収められている。

(10) 拙稿「水戸藩における鹿島神宮の崇敬」において『西山遺事里老雑話』にみえる「難有上意蒙り奉りし上、明日ハ早朝出船鹿島参詣之処、案内ニハ倅をさし出す」の記事をこの二月十五日と関連させて論じ

たが、必ずしも結びつける必要はないようである。この記事の冒頭にみえる元禄九年は「板久」を「潮来」と改めた年であり、引用の記載は「或年」のことだからである。

(11)　名越時正『水戸学の研究』第一編第四章参照。

(12)　近藤喜博氏は「近世鹿島神宮の教学」(『神道史研究』第二巻第一号所載)の末尾に大宮司家の系譜(則文まで十一名)を掲げ、論考で触れた(重視した)人物に傍点を施しているが則長等三名は省かれている。

付記

本章で使用した『大宮司日記』は茨城県立歴史館に寄託されており、目録(史料目録二四)も刊行されているが、主として鹿嶋市教育委員会に所蔵されている複写本によった。手配の労をお取り戴いた同教育委員会の萩原康行氏に感謝の意を表したいと思う。また、大宮司家の先代当主則幸氏が抄出されたノートも参照させて戴いたが、このノートの閲覧を許可された現当主則良氏やその他「抄録」の閲覧等種々のご高配をお願いした県立歴史館の岩倉則幸氏に厚く御礼申し上げたい。

補記

『日乗上人日記』を精査するうちに光圀の鹿島神宮参詣はやはり行われなかったと結論するに至った。理由は次の通りである(詳細は令和二年刊行の拙著『義公漫筆』を参照)。

①上人の光圀に関する記述にはすべて敬語が用いられているが、引用箇所(その前後も含めて)はそうではなく、上人自らに関する記述と思われること。

②十六日の条に「今日も御殺生に御出ある也」とみえているから、十五日は御殺生(しし狩り)に出かけたと考えられること。

③十七日の条に、地元の旦那五人が受法したことがみえ、それを公のご威光とし、「頃日の御殺生の御罪も少ほろぶべきとぞ覚し也」と記していること。

(『藝林』第四十八巻第二号、平成十一年)

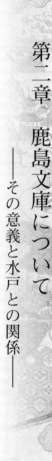

第二章　鹿島文庫について
——その意義と水戸との関係——

一　鹿島文庫における講釈と書籍奉納

鹿島文庫は近世における鹿島神宮の学問を考えるためには欠くことのできないものである。文庫については『始末』によってその概略が知られるが、本章では主として『大宮司日記』や「鹿嶋社和書文庫記抄録」（中山信名編『鹿島事跡』五所収、以下「抄録」と略記する）によって『始末』の記載を検証しつつ、改めて文庫の意義を考察し水戸藩との関係にも及んでみたいと思う。

鹿島文庫の創設については第一章で述べたが、文庫における講釈の着想は水戸藩の史館講釈に求められると思われる。史館講釈すなわち彰考館における講義は『大日本史』編纂の精神の大衆化であり、普遍化であり、社会化であって、毎月三七の日（三、七、十三、十七、二十三、二十七の日）に経書の講義を行ったことをいう。講釈について『始末』には何らの記載がないが、鹿島文庫でも明らかに講釈が行われていたのである。例えば、『大宮司日記』を繰ると、延宝六年九月二十一日の条に「大学ノ講尺《ママ》始メ申候昨日者御神前文庫ニて神代巻講尺《ママ》アリ」、同二十二日の条に「今日モ大学ノ講尺《ママ》アリ」、貞享五年七月八日の条に「文庫へ出ル」、同八月十五日の条に「講釈へ出ル」、同九月二十二日の条に「大学之講釈ミて申候事」、同十一月朔日の条に「今日文庫ニテ論語講釈有之候間我等も出聞之」等とみえるのである。特に貞享年間には多くの講釈の記載がある。これらによって講釈が経書中心であったことが知られるが、神代巻がみえるところに鹿嶋の特色を窺うことができようか。[1] 講釈の実際の詳細は不明であるが、社家はもとより書籍奉納者たちもおそらくは出席したのであろう。

　このように盛んに行われた講釈も元禄年間には日記の記載に現れなくなる。日記にみえないからといって講釈がすぐに廃れたとはいえないであろうが、いつしか文庫の活動は消滅したようである。それは則直が延宝八年に三十四歳で卒し、後を嗣いだ則長[2]が若年であったため、貞享四年に大宮司職を追われ、やがて元禄六年復職するが、その善後処理などに忙殺され元禄十三年二月わずかに二十六歳で病没してしまうことと無関係ではあるまい。

　ところで、『鹿島町史料・社家文書巻壱』(昭和五十五年)には次のような史料が収められている。

覚

一御神前御番之儀、本社家如有来昼夜共ニ可勤之。当番之面々差合有之節者、加番被入人数定之通ニ可相勤事

一御宝蔵并文庫夜番之儀、新社家有来人数ニ増番両人加之ヲ壱ケ所ニ三人宛ニ而堅可相守之。当番之新社家差合有之節者、本社家へ達之人数不足無之様可相勤。尤所々之火用心油断不可致之

事

一御宝蔵并文庫夜番之儀、新社家油断無之様、当番之本社家より可入念。若捨置令油断者、夜番之新社家者不及申、当番之本社家迄可為越度事

右、此度依御下知御宝物等篭置候ニ付、社中御番之儀、就中急度可相守之。尤次番之日記毎日可記之者也。

右、御神前并御宝倉御文庫御番之儀、御書付之通人数不足無御座様ニ急度相勤可申。少も違背仕間敷候。仍而奥書如件。

小社家

小禰宜

子八月十一日

塙伊織

塙主計

東主膳

末尾に塙伊織とみえるのは大宮司則長のことであると思われるので、ここでいう子年は元禄九年となる（塙主計は後見人の広光、東主膳は当禰宜の胤栄であろう）。そうであれば、日記にはみえないが依然として文庫が存在し、宝蔵とともに昼夜の番が厳然として割り当てられていたことが知られるのである。

やがて、文庫は則長の後を嗣いだ定則（則朋）の代に再興されることとなるのであるが、『始末』には次のようにみえる。

その後三十二年を経し、宝永二年乙酉十一月水府より扶桑拾葉集一部納らる。其牒に

故中納言光圀卿編集之扶桑拾葉集、従参議綱條卿可被致奉納鹿島神庫之旨ニ候間、右之拾葉集壹部三十五冊差越候。御受納可有之者也。

宝永二年酉十一月

栗山源介
中村新八郎

鹿島大宮司殿

栗山名愿中村名顧言共にこの時史館の総裁なり。これより先此年の四月に、清水谷大納言殿の門人法橋清水宗茂といへる人、図書一千部を納めんとして、先二百五十部合五百八十九巻を齎し来り、桑門静林、源房守、高橋忠広といへる者三人従へり。また日野敦光朝臣の彫刻せられたる柿本人麿の像を庫中に安置せらる。廿日の夜戌の時ばかりに、大宮司中臣則朋、惣大行事平胤幹、当禰宜儀中臣胤貞及神官等相会してその像を庫中に遷し祭られる。その時宗茂伝記を講ず。

『扶桑拾葉集』の奉納に関しては同史料が『鹿島神宮文書』にも収録されており、疑いがない(3)。「三十二年」というのは文庫創立の延宝三年からのことであり、「三十五冊」とあるから目録と作者系図を含めての木版本を納めたのであろう（和文集部分は三十巻三十三冊）。二年後の藩主綱條の参拝へとつながる重要な一事といえる。文庫再興の記事は宝永二年二月からみえるが、たとえば「文庫鹿嶋へ御立候様」（二日の条）、「文庫立候土地鹿嶋社内ニ」（四日の条）、「四月中其元へ柿本尊像并和書とも」（四日

の条）、「文庫新敷建立候」（三月二十二日の条）等とあり、その一端を確認することができる。また、「抄録」には第一章に引いた奉納人名の後に「文庫再建記」という一文が収録されており、『始末』よりも詳細な記載であるから次に掲げておこう。

清水谷大納言御門人清水法橋宗茂といへるか、今歳宝永二年乙酉当宮ニ柿本人丸像木之像也日野敦光朝臣製所なりけるを、和文庫令造立彼尊像並伝記一軸和書一千部奉納らむことを祈り、四月十九日ニ当着此度五百部持参、同廿日夜五ツ時に人丸尊像和文庫に令□坐法橋宗茂伝記を講せられ、則五百部の和書令寄附畢。残る五百部ハ連々可寄附旨有之。明廿一日ニハ法橋宗茂始として友なひに桑門静林、源房守、高橋忠広等、於文庫和歌ひかう令行則大宮司中臣則朋、鹿嶋左衛門尉平胤幹、当禰宜中臣胤貞始メ大長直行、家司神忠能、亦山口小右エ門、則応城常座頭かれこれ予共に十二人於和文庫歌会有之。歌題は冷泉家より給ける社頭祓麻といへり。宗茂門弟江府より懐紙六十壱首

続いて「抄録」は左の如く宗茂の奉納書名を記している。

一撰集二十部青　　一家集六十五部青
一歌合五十五部赤　　一物語二十五部赤
一式口伝三十部黄　　一記行《ママ》二十部黄
一抄物二十部紫　　一記録拾五部白
合二百五拾部　巻数五百八十九巻
宝永二乙酉年四月廿一日

これらの書物は部数の後にみえるように五色で分類し奉納されたのであるが、歌会については『始末』にも「柿本尊像伝記」を引いた後に「明る廿一日又其人々を会して和歌の会あり。社頭祓麻といへる題なり。こは冷泉為綱卿に請て出されたる題なりとぞ」とみえている。「文庫再建記」は「今歳宝永二年」という文面からして当時の記録と考えられるが、『始末』は明らかに後年のものであるから、かなりの部分が「再建記」によったのではなかろうか。ちなみに清水宗茂は水戸藩にも仕えた宗川の子息である。

二　和書の奉納

ところで、清水宗茂による和書奉納の事情は『大宮司日記』によってその一部を窺うことができるので、次に少しく紹介してみよう。宗茂については大学頭林信篤の「文庫記」(『始末』「抄録」ともに収録、原漢文)に、

法橋清水宗茂、性倭歌を嗜み、覃《ふか》く敷島を思ひ、敬仰追慕の余り、新に文庫を建て倭書一千部を納めんと欲し、宝永乙酉四月事を起し、己丑六月に至る。五百部帙を重ね函を連ね、月を逐い年を経て宿志を遂げんと欲す。

とみえ、その人となりを窺うことができる。そして、「文庫記」は宗茂の要請によったことが記されている。

さて、奉納に至る事情を宝永元年八月と九月の記載から探ってみよう。初見は「清水宗茂遣候」とみえる八月二十五日の条であるが、これのみではどういうことかまったく不明である。九月廿日の条に至って「今日清水文庫寄進ニ付」とか「文庫寄進之志」とみえてようやくその事情が知られるようになる。この条の二項目に「大社ニ和書之文庫建立致候へハ」とか「和書之文庫相立候へハ御宮之御かさりニも候間」とみえ、宗茂の寄進は当初より文庫建立を目指していたことが判明する。二十一日の条にも「清水宗茂心願之儀」とか「清水宗茂書物文庫之事」とみえている。

ところが、二十二日の条からは「宗茂和書奉納之儀」とか「和書奉納之事」とみえるようになる。これは、日数からみても年内は文庫建立が無理なので和書奉納を先に行うことになったからである。同条には「御宮之御かさりニも罷成、其上□書等多候へハ三所之為□□家中□学問之便も出来」とあり、さらに「拙者儀、未掛御目候間、江戸罷登候間、□御見舞申候共、宗茂より旅宿へ御出候共、掛御目其上ニて様子承弥書物ハ奉納候様ニ可致候。当宮へ御奉納之儀ニ候ても、拙者ハいまた御近付ニも無之候由出羽申候」とみえているから奉納に関しては「拙者」(当禰宜の東主膳)や「出羽」(惣大行事の鹿嶋出羽)等も関わったことが知られ、奉納の前年より準備が進められていたことが判明する。

文庫建立に関しては『始末』に「鹿島倭書宝蔵上梁文」(宝永二年乙酉孟夏日付)という一文が収められ、その後に、

初め宗茂則朋等と謀りて別に書庫を営して、其納る所の書を蔵めんとて、その攸《ところ》を見立たりしに、さはりありて作ることを果さず。斎らし来れる書をば、元の文庫の片隅をしきりて姑くその処に

収置ぬ。この上梁文も書庫を別に建る為に設けたるなり。

とみえている。日記とは符合するが、いずれにしても新たに文庫が建立されることはなかったのである。

なお、後年になるが下総香取郡松沢村の庄屋で国学者でもあった宮負定雄がその著『太神宮霊験雑記』[4]を「鹿島神宮御文庫」に奉納していることも指摘しておこう。[5]また、十代藩主慶篤による『大日本史』の奉納も同様に文庫に対してであったが、この時、文庫そのものは倒壊していた。

三　奉納の書籍

ここで目録について言及しておきたいと思う。目録は彰考館文庫に所蔵されているものであるが、「近世鹿島神宮の教学」において近藤喜博氏が紹介された写本とは異なる。[6]その表題は「鹿島文庫目録」であり、「姫路写本目録」とあって鹿嶋大宮司が所蔵していた写本である。成立や作成者については不明であるが、少なくとも定則以後の再興期に入ってからであることは掲載書目より知られる。目録は大きく二分されるが、厳密とはいいがたいけれども前半部の分類は源氏物語の巻名によってなされている。その項目と部数を示すと次のようになる。

桐壷　八部

箒木　三二部

夕顔　三部
若紫　五六部
末摘花　三四部
紅葉賀　六七部
花宴　一七〇部
葵　二四部
榊　一部
花散里　八部
須磨　二部
明石　四部
澪標　二一部
関屋　一八部
蓬生　二九部

都合重複も含めて四七七部となるが、この外にも若干の部数があったようである。巻名には若干の異同・脱落がみられる。榊は賢木のはずであるが、榊の文字を当てたのは神官としての立場の反映であろう。書目の一端をみると、桐壷には旧事記・古事記・日本書紀等の歴史書、箒木には伊勢風土記・出雲風土記・古今類聚常陸国誌等の風土記や地誌、職原抄・伊勢内宮儀式帳・垂加文集・続垂加

文集等、夕顔には延喜式・江家次第・吾嬬鏡、若紫には伊勢二所大神宮神名秘書・元亨釈書・中臣祓・類聚神祇本源・光海筆鈔・神道大意・日本記《ママ》纂疏、末摘花には垂加草・日本書紀神代口決・神皇正統録《ママ》・春日神社記・熱田大神宮縁起・菅家遺誡等、紅葉賀には豊受太神御鎮坐本紀・名法要集・続神皇正統記・神代巻風葉集・東家秘伝・陽復記・唯一神道名法要集・鹿嶋垂加社記・論語・吉川惟足物語・定則聞書・倭姫世記・御鎮坐次第等、花宴には鹿嶋神宮抜書帳・太神宮心御柱記・神道学則日本魂・垂加霊社祝詞祭之式・鹿嶋垂加社勧請式・神学問答等、葵には厚顔抄・万葉集・六百番歌合・新拾遺・武家百人一首・鹿島紀行等、榊には扶桑拾葉集、花散里には源氏物語・狭衣・清輔袋草紙・倭名抄等、須磨には先代旧事本紀・続古事談等、明石には山谷詩注・左伝等、澪標には論語集解・孟子集注・詩経集注・書経集注・礼記等、関屋には小学句経・古文孝経・易経・唐詩等、蓬生には後撰和歌集・後拾遺集・金葉集・詞花集・千載集・新古今・耳庭記・和泉式部物語・紫式部日記・定家仮名遣・今昔物語・藻塩草・増鏡・小倉山色紙和歌・万葉集注解等である。

　これらをみると、一通り歴史・地誌・神道書・和歌・漢籍・物語に及んでおり、一般的な書籍は含まれているように思われるが、中でも神道書と古典(和歌・物語)が多く、ここに特長を窺うことができよう。神道書についてみると、伊勢神道と垂加神道関係が目立つ。とりわけ、垂加神道は定則によってその摂取が図られたので、[7] この目録は定則以後の成立となることは疑いがない。榊は『扶桑拾葉集』のみであるがこれは水戸からの奉納によるものに相違ないし、[8] 紅葉賀の『倭姫世記』はその表記からしても『神道集成』収録によるものではなかろうか。[9] ただ、北條時鄰《ときちか》が校訂に使用したと思われる『常陸国風土記』が確認できないので（時鄰自らの所有ということも考えられるが）、他にも（あるいは目録成立以後に）書籍が存在したことは認められてよいであろう。

後半部は「姫路御書物之内写本目録」との表題のもとに歌集を主に一二三部が記載されている。前半部との重複もみられるが、『月清集』・『挙白集』・『和漢朗詠集』・『武教全書』・『視見堂集』・『東雅』等にその特長を窺うことができよう。もとより、これらの書目には里人や社家妻女あるいは清水宗茂による奉納書も含まれているのであろう。

四　鹿島文庫の終焉

則直・則長・定則の三代にわたって維持された鹿島文庫も定則の死去とともに終焉を迎える。それは享保十六年[10]に大風大雨のために倒壊したからである。『始末』は次のように記載している。

> その後二十余年過て享保十六年辛亥八月十二日、雨烈く北風大に吹起り、文庫の北方に立る松と杉と二本の大木倒れかゝり、これが為に破壊《やぶれ》たるのちは再び興しぬべき人もなく、ひめ置し処の書も漸々にちりほひゆくまゝに、柿本朝臣の像と共に皆宝蔵の中にこめおきて、見る人もなく徒に蠹《と》魚のすみかとなしつるは、いといとあたらしき事なりかし。今存する所の書冊僅か三百余巻ばかりなりとぞ。

また、「抄録」の末尾には、

享保十六辛亥年八月十二日、北風大雨、前代未聞。此時和文庫の北方に松之壱丈二三尺廻り長廿間斗なると杉の七尺余廻り、二本根かへりニて和文庫破倒ル。此外奥御殿御許元大木中折ニて破ル。同九月十七日、北風大雨、正御殿東之方之杉壱丈四五尺も廻り候か倒か丶り中候。

とみえ、『始末』の記載と符号する。これらによって文庫倒壊の事情が知られるが、文庫はこのまま埋もれてしまった訳ではない。それ以前から再興の気運はあったようではあるが(11)、文化十二年に至って鹿嶋に滞在した歌僧立綱の意見により文庫復興を意図した大宮司が現われたのである。すなわち則《のり》瓊《よし》である。則瓊は八月二十五日に寺社奉行に対して、和学講談所の取調御用のために文書旧記類の目録提出の件を述べているが、これも文庫再興の陳情の一環であろう(12)。しかし、諸般の事情(主として資金難と思われる)から成就するまでには至らなかった。『始末』はそれを「文化中大宮司則瓊、同志の者をかたらひ再興の議ありしかど、又さはる事ありてならずなりぬ」と記し、末尾に次のような願望を吐露している。

宗茂の納められし倭書、終に一千部に満しにや詳ならず、今世の中に鹿島文庫といへる細く長き朱印のおしたる本のま丶見えたるは、皆わが文庫より散落したるが残れるなり。あはれ古に復すべき時至りなば、博く天下の書籍をあつめ、前賢の志をもつを永く後世に伝へむ事をひたぶるに希ふのみ。

以上に述べた文庫の様子は北条時鄰の『鹿島志』(文政六年)によっても、その概略を窺うことができるので重複するが掲げておこう。

延宝三年大宮司則直文庫を建立して数多の神書を充たり。はた神官里人等まで雑書を納む。其後宝永二年清水法橋宗茂といへる人、文庫を再興して倭書一千部を納め柿本朝臣人麻呂の木像奉納あり。（日野敦光朝臣の作也）この文庫は御饌殿の傍にありしを、享保十六年風雨はげしきをり松の古木倒ふして文庫破壊せり。よて書籍の類人麿の像等いま宝倉に納たり。（ルビ略）

五　まとめ――鹿島文庫の意義――

今日、鹿島文庫は図書館史や文庫史において必ずしも大きく注目されている訳ではないが、[13]近世神道史や地域文化史における意義は決して小さいものではないであろう。それは神宮社家をはじめとする鹿嶋の人々のみでなく水戸との関わりにおいても、重要な役割を果したといえるからである。最後にこれまで述べてきたことをまとめ、かつ若干を補ってみよう。

第一に、文庫の創設は大宮司則直によるものであり、その示唆は光圀から得たと考えられるが、書籍の多くは里人等の奉納によっていること、また講釈も彰考館の史館講釈にならったものと推察され、鹿嶋における学問の発展に大きな役割を果したと考えられること。特に、目録に多くの垂加神道書が含まれていることからして、垂加神道研鑽の場としての役割も十分に想定されること。

第二に、文庫はいつしか廃れたが定則によってまもなく再興され、その折水戸からは『扶桑拾葉集』の奉納があり、この時は新たに文庫建立も意図されたこと。さらに清水宗茂によって柿本人麿尊像と和書奉納があり、歌会が開かれたこと。

第三に、文庫に納められた書籍がどのように活用され、その後どのような経緯をたどったのかその詳細は不明であるが、少なくとも『常陸国風土記』一本が架蔵され（目録では必ずしも確認できないが）、西野宣明や小山田与清の校訂に参照され、奉納の『扶桑拾葉集』が小山田与清や北条時鄰によって活用されたことに研究史上の役割が認められること。[14]

第四に、享保年間に大風大雨によって倒壊し、それが文庫の終焉となり、その後復興を企てる気運も生じたが成就するまでには至らなかったこと。しかし、文庫の理念は形態が変わったとはいえ明治初年の稽照館に引き継がれたと考えられること。[15]

第五に、文庫は本来の役割以外でも活用されたこと。例えば、則長の大宮司職解任の申し渡しが行われ、[16]度々の寄合が行われていること。

註

（1）延宝三年に、水戸の神道家今井有順から則直が神代巻伝授を受けている事実がある。

（2）妻は水戸藩士赤林氏の女で、光圀からの書簡八通が知られ、また西山でお目見えしている。

（3）『水戸紀年』の宝永七年の条に「今年扶桑拾葉集ヲ諸邦ノ宮社等ニ蔵メ玉フ」とみえている。なお、照沼好文氏によれば太宰府天満宮や出雲大社にも奉納されているとのことである（小林健三氏との共著『水戸史学の伝統』）。

（4）安政二年成立、安政大地震の見聞と太神宮信仰をまとめたもの。二巻。『宮負定雄幽冥界秘録集成』所収。

（5）巻末に「右之通御文庫江奉納之事」として伊勢内宮林崎文庫や鹿島神宮御文庫をはじめ七文庫が記されていること、及び川名登『河川水運の文化史――江戸文化と利根川文化圏――』第四章参照。

（6）近藤氏は「かつて彰考館に蔵せられた」とし「扉には「鹿島大宮司所蔵　書籍目録」と二行に書かれるが」とされているからである。

（7）定則の垂加神道研鑽に関しては谷省吾氏の諸論（『垂加神道の成立と展開』所収）を参照されたい。

（8）目録にも三十五冊とみえる。

（9）拙著『水戸派国学の研究』第五編第一章を参照されたい。

（10）定則の死去は享保十三年一月、次の則備の襲職は同十七年で文庫倒壊時大宮司は欠職であった。

（11）茨城県立歴史館所蔵鹿島則幸家文書『御文庫一件筆記』文化十二年八月十一日の条に「去年願立之者十三人、今日我等方へまねき内々申聞候。其方共兼て文庫再興いたし度誠有之候共内々承候」とみえる。また、斉藤政雄『『和学講談所御用留』の研究』所引の「御用留」文化十二年十月十五日の条に「殊ニ鹿嶋者、文庫も有之候様承候」とあるが、すでにこの時点で文庫は倒壊していた。

（12）『御文庫一件筆記』同日の条「以書付御願奉申上候」という書付がみえるが、この記事は先の「御用留」の記載と関連があろう。

（13）わずかに小野則秋氏が『日本文庫史』や『日本図書館史』の「神社と文庫」の項で十数行を費やされたにすぎない。なお、鹿島文書と鹿島文庫を混同されている。

（14）『常陸国風土記』については静嘉堂文庫所蔵の藤原善一本の奥書（『飯田瑞穂著作集2』の五ページによる）を、『扶桑拾葉集』については『十六夜日記残月抄』（『国文学註釈全書』所収）を参照されたい。

（15）幕末に鹿嶋を占拠した正義隊が「御宮御文庫」の例にならって文武館建設を建議したことがある（鹿島町の文化財第八十五集『惣大行事日記（文久四年・元治元年）』参照）。

（16）『大宮司日記』貞享四年九月四日の条には文庫の座席配置図がみえている。

（『神道史研究』第五十一巻第三・四号合併号、平成十五年）

第二章　水戸学派における鹿島神宮の崇敬

はじめに

鹿島神宮は、武神タケミカヅチノカミ（武甕槌大神・建御雷神）を祭る常陸国一の宮である。その創建は神武天皇の即位元年と伝えられており、建国の功神であり、また藤原鎌足の出生地に鎮座するという伝えもあずかってか、古来朝廷の尊崇厚く、やがて源頼朝が信仰を寄せて以来、中世社会を通じて源氏諸族をはじめ幾多の武士の保護を受けた。次いで、徳川家康による二千石の神領寄進に至り、将軍家の信仰は深まりをみせてゆくのである。しかも、それが水戸歴代藩主を中心としつつ藩全体に及び、さらに人的交流も活発であったのである。

以下に、鹿島神宮と水戸藩（思想史上は水戸学派）との関係の概略を叙述し、近世社会における鹿島神宮参詣史の一端を明らかにしたいと思う。

一　藩主の参詣と信仰

鹿島神宮と水戸藩の関係の基盤は、徳川家康が慶長七年に朱印地二千石を寄進し、続いて秀忠が元和四年に社殿を建立したことである。この将軍家の崇敬を背景に歴代藩主の信仰が維持されるのである。まず、藩祖頼房であるが、彼は寛永十一年に楼門及び廻廊の修復を行い、正保四年には白鹿を奉納し、慶安元年になると参詣を試みている。詳細は堀田富夫氏が「水戸黄門頼房卿御参詣之次第」[1]によって言及されているから、ここでは石川久徴の『桃蹊雑話』と「吉川座主家文書」によって確認するに止めよう。『桃蹊雑話』には、

寛永十年初冬下旬の比、大猷公御違例に依つて威公より御平癒の祈願の為に御使として斎藤市兵衛を鹿島に差下され、時の大宮司則広に命じて、速に神人等を催して丹誠を抽て禱り奉る。右奉賽の為、神宮の楼門・廻廊及び玉垣百三十間を修繕せしめ給ふ。良匠名工を撰び玉ひ、奉行は深沢四方助・雨宮又衛君茂・近藤作之助重成これを勤む。大宮司則広此の事を委しく記して今に子孫に伝へてあり。[2]

とみえ、「吉川座主家文書」には、

寛永十一年甲戌年、此年水戸中納言頼房卿、当宮楼門回廊御建立被遊候。皆々江戸分切組テ参候間、四月初ヨリ八月迄にすきと相極、居垣百三十間ハ大宮司則広奉行中へ申達、此時分立申候、

則十一日に竜神御遷宮御座候、清天俄ニカキクモリ申ノ刻少ノ間ヲヒタタシク雨ニアラレ添てふり申候、(3)

と記されている。

二代光圀の場合は今のところ推測の域を出ないが、『水戸黄門仁徳録』に要石掘削伝説がみえており、高塚丑之助氏も可多為橋について「御手洗川の末流、下川といへる川に渡せる小橋なり。俗説に昔水戸黄門要石の底を見んとて七日七夜掘りけるに、いよいよ深く其底を知らず。忽ち神罰を蒙り身癖疾となりて此橋を渡れるよしをいへり。(4)」と説明していることなどは除外するとしても、神宮と密接な関係にあったことは認めてよいだろう。例えば、藤田東湖の次の記述である。

鹿島の神宮にも中古より神宮寺といふもの出で来て、宮近き地にありしを今の地に移せしは、延宝年中のことゝなれば、是等義公の建議し給ふならむと思へども、未だ其たしかなることをしらず。(5)

延宝年中とは延宝五年のことだが、寛文五年の寺社整理からみれば東湖の推測も首肯できるであろう。また、大宮司宛の書簡六通が知られていることなどはその一例であるが、(6)何よりも光圀自身が参詣した可能性を否定できないのである。

それは、『日乗上人日記』(7)元禄九年二月十五日の条に、次の一節を見出すからである。

今日ハ御意にて鹿島一見に参る。舟にてゆく也。大舟戸といふ所にて舟よりおりてかごにてゆく也。島の境地ハ見事なる所也。宮ハ相向也。ひたち海や鹿島の宮居神さびていく代かかけし波のしらゆふかなめ石、みたらし、御物見などいふ所見る。神宮寺と哉覧へ参る。今日ハ西堂まつりと哉覧にてらうかはし。人多さしつどいて、道もとおり得がたし。又、大舟戸といふ所より舟にて帰る。

ここにいう「御意」とはいうまでもなく光圀の意志を示すのであるが、一体光圀の意志で上人が代参したのであろうか。それとも、光圀に従って参拝したのであろうか。この文のみでは判断できないのである。後文の「公ハ今日おりく殿のおつとの所に入セられし」を参考にしても明らかではない。そこで、大宮司家の「日記」を探ると、元禄九年二月十四日の条に「水戸西山中納言様当社江御成之由人遣候」とか「御口上者中納言殿板久江御越ニ付そのひ下候て御当宮参詣ニ参候」とかみえているのではあるが、(8)遺憾ながら十五日の記載が欠けているので、確証はつかめないのである。しかしながら、『西山遺事俚老雑話』(9)に「難有上意蒙り奉りし上、明日ハ早朝出船鹿島参詣之処、案内ニハ倅をさし出す」ともみえているから、これらの事情を総合してみると、光圀参詣の可能性は極めて高いと判断してよいであろう。

三代綱条は、宝永二年に『扶桑拾葉集』を奉納し、同四年二月に参詣している。『水戸紀年』(10)には、

正月廿八日、不二田ニ御一宿ナサレ、夫ヨリ鹿島御社参。夫ヨリ潮来へ入ラセラレ御二宿遊ハサレ、小畠へ帰セラル。

とみえ、また同年十一月十二日の条には「新川成就ト称シテ」鹿島・香取社に銀五枚、大洗・静・吉田社に三枚ずつ奉納したことが記されている。

その後は、九代斉昭の参詣まで確認できないが、おそらく宗堯以下の五藩主の参詣はなかったのであろう。ただ、五代宗翰が宝暦三年四月に鹿島社の修造勧化に際して銀若干を納めたこと[11]と八代斉脩の病気平癒祈願[12]が知られるのみである。

斉昭は歴代藩主の中で最も厚い崇敬を示した人物である。天保五年三月に五百名を超す家臣団を引きつれて参詣を実施しているのである（青山延于『拙斎小集』巻三所収「鹿島紀行」）。その詳細は『鹿島町史』に譲ることとするが、私も『総大行事家文書』中の「水戸宰相斉昭卿御参宮之事」によって述べ、さらに斉昭が大宮司に贈った弓に関して同好の士が祝いの歌会を催したことにふれ、斉昭作の「謡曲要石」に言及したことがあるので[13]、ここではその他の事例について紹介したいと思う。

まず、天保五年には老中大久保忠真に対して「蝦夷開拓の議」に関する口上書を提出しているが、その中に「彼北狄ハ開き候国々へハ宗門の礫柱を段々に立候よし我等ハ日本宗にて段々切開き次第鹿島明神にても建立いたし人気をかため候半と存候」と訴えた箇所がある[14]。三輪信善の『みかけあふき』[15]には、天保九年の「御筆」がみえており、その中に「今日より七日の間精進潔斎して、鹿島、静、吉田等へ五穀成就、万民安穏の大願をたて候」と記したくだりがある。

西野宣明の『松寓日記』[16]天保十五年十一月三日の条に、

今暁発起遠奉拝鹿島神宮、聊咏出卑懐以奉之。

朝日影むかひの岡にます君を照すや神の光なるらむ

とみえ、弘化二年九月四日の条に、

老公御書鹿島神宮祝詞文の事、鈔録被仰付奉御清書候。

ともみえていることは、弘化の国難に際してのものである。

水戸領内の秋成新田では、視察の後、この地に守護神として鹿島大神を祭ることを指示し、斉昭自ら唐鍬をとり杉苗を植え、神木とするよう命じていた。しかも、嘉永五年には、社殿を建立し遷宮式を行っている[17]。

『鹿島則幸家文書』[18]には、水戸家に関係するものが多く含まれているが、斉昭に関連する文書からいくつかを抄出してみよう。

まず、石河竹之介と梶清次衛門の連名で出されたものである。

一筆致啓達候。前中納言殿御慎ニ付、登美宮殿深ク御配慮可被有之御武運長久之為其御社頭より御祈禱之儀被仰遣候間、右之御心得成候、宜御執行有之候様致度、右ニ付別紙目録之通り白銀被遣候間、御社納可被成候。恐惶謹言（後略）

前中納言とは斉昭のことであり、弘化の国難に関する祈禱依頼がその文意であろう。

次は、旭日丸船内への鹿島大神勧請に関する久木直次郎の大宮司宛書簡である。

一筆令啓達候。旭日丸御船江御神棚御取付、鹿島御拔御献上相成候ニ付、御祈禱修行水戸殿より頼入被仰候。御拔之義者成就次第此表寺社方江御指出候様ニと存候。且御祈禱成就之儀ハ何方迄エ成就候哉。日限不申段エいたし度候。此段以使可被申入候処指掛り候事ニ付、拙者より相達候事ニ御座候。此段申進度如是御座候。恐惶謹言また次は、国友与五郎と太田甚太夫との連名の書簡である。神宝製作に関するものだが、弘道館の鹿島神社に奉納する神剣のことであろうか。

一筆致啓達候。然ハ御神宝之内別紙図面之古剣有之哉ニ及承候処、弥相違有之間敷哉否被佐越様此段為御意度如此御聞候。恐惶謹言

追啓本文図面相違も候ハ、乍御面倒委細ニ御認智之上御遣しニ致度御座候。

少なくとも、これらは斉昭時代のものとみてよいであろう。さらに、斉昭は次のような和歌も詠んでいる。[19]

鹿島の宮へ手向る歌とてよめる

宮柱ふとしきまして万代も守る鹿島の神そたふとき

要石

八千年も合せて契るかなめ石動かぬ御代のためしと思へは

その他、『天保就藩記』[20]三月二十日の条には参詣時に詠んだ歌がみえているし、安政二年には摂社沼尾社への額奉納及び拝殿建立を行っている。[21]天保七年に行われた助川海防城の地鎮祭祝詞は平田篤胤が作成したものであるが、その冒頭に「衣手の常陸国多賀郡助川村の底津岩根に宮柱太敷立て千木高知りて、鎮まります鹿島の大神と称へごとを奉る」[22]とみえることも斉昭の意向の表明として差し支えあるまいと思われる。

十代慶篤には『大日本史』奉納がある。その他関連では、天保五年四月の斉昭母夫人、天保九年五月

の雑賀孫市の代参、嘉永四年九月の公子八郎麿、嘉永五年三月の「公姫君」などの参詣が知られる。(23)

二　藩士の参詣と信仰

藩士と社人との交流は活発であり、大宮司家との縁組は五例が知られる。以下、順次藩士の場合をみていこう。

安藤朴翁・為実父子は、元禄十年三月に京都を出発して、四月に鹿島を経て水戸へ下った。その様子は紀行『ひたち帯』(24)にみることができる。

六日、舟にのりて息栖の明神へまいる。これは鹿嶋の別所なり。こゝより大舟津へうちわたりて見れば、一のとりゐ海の中へさし出て、いとたかやかに作れり。(中略)

ちきりあれはこの秋津洲の東なるかしまの神にたむけをもしつ　為実もよみてたてまつれり。

かしまかたよせくるなみの白にきてこれもたむけは神のまにまに

かなめ石は社のうしろの山中にあり。石のかたちはぬりをけといふもの、ことくにて石頭に窪あり。

立原翠軒の参詣は『鹿島行紀』(25)によって知られる。翠軒は享和三年になって鹿島参詣の暇願いを出したところ許されて、七月一日出発した。紅葉の小宮山楓軒を訪問した後、鉾田からは船に乗り延方に至った。三日は潮来、四日は香取を訪れ、七日に鹿島へ行き、大宮司に申し入れ大行事主をみることを請うた。その後は『鹿島行紀』の記述をみよう。

大宮司より案内ありて大行事に至る。鹿島主馬年六十余人物間雅也。鹿島第一也と云（中略）大宮司を辞し祠前に至る。大宮司より人を出して云、虫干も時刻早し、先家に入て休息あるへしと云。皆々大宮司に至る。酒肴飲食を供す。七ツ比大宮司より鑰を出し神殿に送る。夫より神殿に向ふ。祠前奉幣の式大彌宜祭主也。供物等の事やゝありて、祠後神庫に向ひ大彌宜祝部庭上あらニもの上に列座白衣神官十人計続祝拍手して、神庫を開き古物を出す（中略）右出したる神物皆庫中に納む。其内鬼の首と云物三の盾ハ祠殿に納む。これハ此月十日の夜祭事なり。町々より燈を出し盾を出して町々をめぐる。皆刀をぬき巡行し神前にて燈をあつめて是をやき、右のぬき身の刀をかさすといへり。

北方探険で知られる木村謙次の場合は『蝦夷日記』[26]に、

木表ヲ書、盥漱シ、南嚮シテ勢廟天子江戸鹿島我藩中納言君三退シテ立原先生ト七拝シテ書。

とみえて、その信仰が窺え、また『東湖歌話』[27]には、

おのれとしわかゝりし時、物学びの友なる杉山忠亮と打つれて鹿島の宮に詣て、神のいさをしをおもひやりつゝ七言古風のからうた二十韻ばかりに作り出して、忠亮にしめしその外の友へも見せしに、さすがにあしともいはずとりはやしぬれば、おのれもしたりがほにてありしに、ある日文どもさがしもとむるとてふるき箱をひらき見るに、先輩木村謙（割註略）鹿島に詣てゝ作れる七

言絶句あり。

と記されており、謙次の参詣が確認できる。と同時に、東湖と復堂（忠亮の号）の参詣も知られる。それは文政十二年三月のことであるが、『東湖遺稿』(28)にはこの時作った「拝鹿島祠」が収められている。同遺稿には天保十四年作「北浦舟中」もみえ、「鹿島祠辺回首処」と叙し、同詩文拾遺には嘉永五年作の長詩がみえ、斉昭が植樹した杉苗が三丈の高さに伸びた感慨を綴っている。また、天保十年九月十三日には神宮の神職松岡兵庫之介に次のような書簡を送っている。

一筆致啓上候。今般荊妻安産、男子出生仕候。是偏に、御宮之神助と篤く奉感佩候。此金二百疋誠に乍軽微、神前へ相供申度奉存候宜御告可被下候。恐惶謹言(29)

さらに、「鹿島なる武甕雷のそのたけき神のしわざを心してしか(30)」という和歌もある。東湖の父幽谷には「鹿島祠」の作があり、『大日本史』の奉納に関して青山延于に宛てて「御成攻の上ハ伊勢・鶴岡・鹿島等ハ、願無之候而も御奉納の可相成候間」と書き送っているし(31)、また会沢伯民には「武雷神」や「新歳偶成」という詩に祭神タケミカヅチノカミを称えている(32)。吉田活堂には「鹿島詣」の作及び『宇麻志美道(33)』中に「鹿嶋御祈事」という一文が知られる。「鹿島詣」は琴歌としての作である。

あづさゆみ春の大道を。わたるはたれたれぞ。花のすがた共や。もの申すやさをとめ。めにつくりしかねの太刀や。那珂の郡の大領の。うねめがねのまなまな。君はたれぞやさきんだち。まろは国守の太郎子。けふからまへまうづ。わかむらさきのもとゆひ。まつはしゆかばや。常陸帯のちかひにて。にひまくらまかむ夜は。月をおぼろに猶かすめ。あくるはをしき春のころ。

戸田蓬軒は弘化二年十月十二日付書簡に、母親が鹿島参詣を果たさず残念に思っている旨を記した後、「いづれそのせつの御心あてにもなるべくと先年御供にて鹿島へ参り覚え候所を書にかき下し候」と書き送っているから、その信仰と斉昭に従って参詣したことが窺える。[34] 西野宣明は「あられふりかしまの崎の浪まよりとよさかのほる日の大御神」[35]と詠み、国友善庵には「鹿島」と題する長詩があって、その冒頭に「神州位首正気発朝陽」とみえている。[36]

加倉井砂山は「要石」と題して「片石深根千百尺、斎東伝語世間囂、神図猶失要衝処、終教鯰身得動揺」と賦し、[37] 黒沢登幾子は「余所に見てたゝにや過きん常陸の海鹿嶋の秋の夜の月」と詠んでいる。[38]

青山拙斎には斉昭参詣時の『鹿島紀行』という一文が知られるし、[39] 茅根寒緑には、「鹿嶋之作」という詩があり、その冒頭に「赫赫タリ建雷神、慷慨発乱ヲ誓フ、剣ヲ伏シ皇威ヲ宣べ」とみえる。[40] 斎藤監物には「いや猛き神に誓ひて武士の思ひいる矢は通らざらめや」の詠がある。[41]

また、高橋多一郎は「鹿島なる経津の御霊の御剣を心にとぎて行くは此の旅」[42]と詠み、辞世の歌は「鳥が鳴あつま春真心のふ(か)しまの国(里)のあなたとそしれ」というものである。[43]

時代は前後するが、延宝三年に人見道説が鹿島文庫の上梁文を草していることも指摘しておこう。[44]

三　弘道館への分霊勧請

鹿島神宮と水戸藩との関係の顕著な事例として、弘道館に分霊を勧請し、鹿島神社を建立したこと

を見逃すわけにはいかないであろう。これに関しては開館以前から検討されており、例えば斉昭の佐藤一斎宛書簡には、

　鹿島の神を祭候事、不審も可有之候へ共、侯国にて新に天照大神を祭候而ハ非礼ニ可相成と、常陸第一の名神を祭候積りに候。但し武神にてハ学校ニ相当せざる様には候へ共（後略）

とみえ、これは天保八年九月三日付と考えられている(45)。この頃、藤田東湖は斉昭に「学校へも、鹿島明神を御祭被遊候御儀に被為在候はゞ、鹿島御秡、御かざり御拝可被遊哉」と奉答しており、同十年には長文の意見書を提出している(46)。その冒頭には「鹿島神社御建立之事」に関して、「但鹿島御神体は鏡と相覚申候間、やはり鏡御用ひにて可然奉存候。夫に付而は、只今之内より鏡鋳立、被仰付候方可然哉。御国にては銅は生し不申候へ共、錫は御国産を御用被遊度事に奉存候」と認めている。これらの意見が早い時期のものであるが、斉昭や東湖の考えによって鹿島神社が建立されたことは断言できるであろう。しかし、東湖が献策した鏡の件に関しては、斉昭の親批に「鹿嶋御神体の鏡には、先年哀公にて被仰付候て、臺八幡の鏡国友藤兵衛製作いた(し脱カ)候故、此度も可申付と存候。右の鏡は全く神前に有之迄にて、内実はふつのみたまと覚申候。是は先年鹿嶋へ拝の節一覧いたし候処、火箸位の太サにて直に写も出来可申（中略）猶又巳年下り候節、湊にて得申候太刀抔神宝に納置候も可然哉」とみえており(47)、御神体はここにいう太刀に決定されるのである。親批中の先年とは天保五年のことであり、太刀は後に斉昭自ら鍛えて納めることとなる。

　祭神については、会沢伯民が思兼神を主張したが(48)、斉昭の意向によって建御雷神と決定されたのは

早くから鹿島神宮に信仰を寄せていたことも理由であろう。

次に、鹿島神社の勧請がどのように行われたのかをみてみよう。天保十二年八月の仮開館には行われず、翌年社殿が完成したのみで、勧請が実施されたのは安政四年の本開館の時であった。勧請の事については、まず幕府へ申請し、四月八日許可を得て五月六日に分霊式を挙行した。その準備次第を「弘道館鹿島神社御遷宮内調書」によって窺うこととしよう。(49)

先吉日ヲ撰定メ御体ヲ可封事
前日御仮屋一宇ヲ可構事
前日鹿島へ御人ヲ被為遣大宮司へ委細ニ其趣向ヲ可及御掛合事
次ニ御剣ヲ鹿島へ被遣ノ事(割註略)並ニ鹿島へ役送ノ人々ノ事
前日御拝殿最寄へ仮小屋一ツ可構事
御遷宮御当日朝ノ内御本舎御拝殿瑞籬鳥居等マテ浄水ニテ尽ク洒ヒ拭ヒ然テ御本舎御拝殿御鳥居ニ装束附クヘキ事
次ニ御当日未刻頃御仮舎ヨリ御拝殿ノ階下マテ御神体御通行ノ路次両傍へ白幕ヲ張リ限リ中ニ一通リ薦ヲ敷キ薦ノ上一白布ヲ可敷事
次ニ申ノ上刻諸御役方ノ人々御遷宮場へ可被相詰事
次ニ申ノ中刻清秡ヲ可行事
次ニ酉ノ中刻ヨリ瑞籬ノ四方ニ於テ庭燎ヲ可焼事

次ニ戌刻御遷徒（註略）皆如式
次ニ神馬ヲ献ス
次ニ御代拝
次ニ弘道館文武教職ノ人々詰合ノ御役方等拝ノ儀ハ如何ノ事
御遷宮以前ヨリ御祭事畢ル迄弘道館表御門並ニ南入口御門前へ汚穢不浄ノ輩入ルヘカラサル禁札ヲ可建事

以上によって概略は知られるが、鹿島水戸間には次のような触れが出されていた(50)。

水戸表に鹿島大神御遷し、道中は白木の御長持、白麻に御紋付にて附添へ、御先触は重き御用物、御神こしの事故、宿内は盛砂にて浄め、墓石はむしろ又は菰のるいにて包み、道筋は不浄なきよういたし置く可き事也。

神霊は五月八日の夕刻水戸に到着し、山野辺義芸を祭主として子の刻神殿に奉納された。遷宮の祝詞は、小川修理が作成し、斎藤監物が奉読した。祝詞の冒頭には(51)、

掛巻くも畏く、言巻くも貴き、現御神吾が天皇命の御依さしのまにまに、吾が知ろしめす衣手の常陸の国、茨城の郡、水戸の城の西廓に、新たに築き立てたる学校の、下津岩根に、太宮柱太知り立て、高天原に千木高知りて、天の御蔭、日の御蔭に、新に大宮仕へ奉れる瑞の御殿を、由志理伊豆志理、払ひ清めて、同じき国鹿島の郡香島の郷の、豊香島の宮に鎮まります、豊香島の天の大神と称辞□へ奉る。

とある。九日の明け六ツ時に遷宮式は終了した。

また、本開館式の状況を報告した高橋多一郎の茅根寒緑宛書簡の冒頭にも「今九日早暁子刻鹿島大神宮并聖　御遷座万端無御滞、御祭儀被為済、御同意恐悦筆紙に難尽奉存候」とみえて、遷宮式の重要性が窺われる。(52)

次に、鹿島神社に関する詩歌をみてみよう。まず、斉昭は「鹿島神社を弘道館に祭り御神体として親ら鍛へ給へる刀を納めけるとき其箱の蓋に記せるうた」と詞書して、

大神のたけくさかしき心もて蝦夷か千島もきり闢かなむ

を始めとして、

過し年我てつから植え置きし、かの弘道館祭神の瑞籬の内の梅の実の如く音すればよめる

春めてし花もえならず神垣におふる鈴梅なるとこそきけ

弘道館の鹿島神社前に向ひて右なる梅は、酒梅とて酒の匂ひを含みて白梅なり、左なるは朱梅とて紅梅なり、いつれもわかいとけなき時より鉢に植ゑて置きたりしを神殿造り奉りし時、階のもとに手つから植ゑおきしを今はおほきなる木立となりて花いとおもしろく咲ければ

しろたへにあけに匂へる梅の花心の色は神ぞしるらん

白妙も赤きも花の色に出で丶神を尊ぶ心みえたり

などの詠草がある。(53)会沢伯民には「謁弘道館社廟」という題の「天神肇天業、建雷佐経営。三器伝皇統、忠孝調既明。(後略)」という詩が、青山延光にも同じ題の「学宮徧天下、祀聖未祀神、維此鹿島宮、

万古鎮海浜、後略」という詩があるが、これらは開館の記念に賦されたものである(54)。

また、幕末になると各種祈禱に関していくつかの事例がみられるようになる。例えば「姫宮様より峰寿院様へ被遣候御祈禱御秘被仰付候次第」とか「従禁中被仰付候祈禱之控」などの文書が伝えられ、ペリー来航に際しても多くの祈禱が行われているのである(55)。

四 佐久良東雄にみる鹿島神宮と水戸藩

次に、佐久良東雄を通して鹿島神宮と水戸藩の関係を考えてみよう。東雄は、筑波山の東麓新治郡浦須村に生まれ、幼くして僧侶となり、のち鹿島神宮で還俗し江戸及び大坂において尊皇攘夷思想を主張した。やがて、桜田門外の変に関与した罪によって捕えられ、「徳川の粟食まず」と獄中で没した人物である(56)。その東雄が僧侶時代から神道に心を寄せ、鹿島神宮に篤い崇敬の念を抱いていたことは、

かりそめに墨の衣はきつれども心はあかきやまとだましひ

という歌や天保十二年同志とはかつて神宮に桜木千本を植奉し、且つ神宮における還俗に窺うことができよう(57)。還俗は天保十四年のことであるが、その時次のような歌を詠んでいる。

みなづき二十日のあさけ明日なん七日七夜のものいみも、終らんといふにれいの大御手洗河に、みそぎしにゆきて、中つ瀬に、かづきあらひそゝぎきよめてきしにあがる。その河の水上にたてる鳥居のかたにむかひて、ゐしづまりかしこまりゐたるに、けしかるとりの鳴くよと、みゝおど

ろきてしづまり聞きをれば、まさしう大御神の大御使ものとある鹿の三こゑ、われにもの言ふごとく、きびしうなきとよみけるに、うれしみ、たふとみ、かしこみまつりて

みそぎして汝がねぎごとは大神のうけつとしかのなくぞうれしき

また、以後使用する佐久良東雄の名にもその感慨がみられるだろう。すなわち、佐久良は桜、東雄は東男子を意味し、武を尊ぶ気風の表明なのであり、それは鹿島神宮が武神を祭っていることに通ずるからである。その外、東雄は多くの歌に鹿島神宮を詠んでいるが、今ひとつだけ掲げることとしよう。

豊鹿嶋天の御神の、荒御魂そびらにおひ、現神わが大皇の、大勅命いたゞきまつり、大丈夫のわが出立たば、天地のそきへの極、天照大御神の照らさむ限、まつろはぬえみしはあらじ、わが大皇に

このような信仰を寄せていた東雄は、どのような思いを水戸藩に抱いていたのであろうか。東雄と水戸藩の直接的関係では、結局は成就しなかったのではあるが、藤田東湖及び会沢伯民らが仕官を勧めたことや天保十年の西山荘訪問及び翌年の水戸訪問が知られる。まず、西山における作を掲げよう。

久慈の国太田の里は、宜べゝゝし山並みたち、たゝなはる青垣こもり、大御食につかへ奉れる、千代の小田まひろに見え、百千足家並も見ゆる、あやにうらぐはしき国ぞ、うべなゝゝ、常陸の国を、此国を日高見の国、堅はなす常世の国と、神がたりに語りつたへ、古語りに云ひつがひたる、あやにうらぐはしき国ぞ、青垣こもる久慈の国の、太田の里は。

反　歌

西の山これの御山し無けばこそかくれずあらめ入る月のごと(58)

また、年月は明らかでないが、次のような長歌もある。

山見れば山し見がほし、河見れば、川をよみ君やすまひし、山をよみ君やすまひし、いかさまにおもほしめして、住ましたるこれの御庵と、むらぎもの心おもへば、数ならぬ賎の男われも、泪し流る

これらの長歌は明らかに西山公、すなはち光圀に対する憧憬と敬慕の表明であるから、東雄の水戸への思いとしてよいであろう。その水戸へ翌年訪問を果たし、藤田東湖・吉田活堂・長島二左衛らを歴訪し親交を求めたのであった。

このように、水戸に寄せた思いは、次の鹿島神宮を一の宮とする常陸国への讃歌となって結実していくのである。

天の原ふりさけみれば　神祖の神の尊の　貴くも鎮まります　二並の筑波の山は
神さびて高く貴く　霰降る鹿島の神は　百重波千重波寄する　荒磯みの底津岩根に
宮柱太敷立て、　天地の依相の極み　知ろし食す吾が大王の　夜の守り昼の護りと
奇すしく神さびいまし　茨城の水戸の御城には　嗣ぎ継ぎに賢き君の
霊しくも生れ出でまして　知ろし食す国のことごと　人多に満ちてはあれど
比ひなき御門の守り　吾をきて又人はあらじと　梓弓末ふり起し
剣太刀彌研ぎつゝ　武士の八十伴雄を　御意と明らめたまひ　讃たまひ誘ひたまひ

撫で賜ひ治めたまひて　御座ます常陸の国は　神ながら誇らしき国そ　常陸の国は(59)

こうしてみると、常陸の御民東雄にとって鹿島も水戸も憧憬であり、信仰であり、心の元々であったといえるだろう。

おわりに

『類題衣手集』三巻は朝比奈豊日子の編集によるものであるが、常陸国全域と北総の一部に在住した歌人の歌を収めており、幕末期における地方歌壇の実際を窺うことができる歌集である(60)。それは水戸人の歌を主とするが、その中に、大宮司やその妻を始め、北条時澄《ときちか》・時鄰、原田孝虎ら鹿島神宮の関係者が十一名含まれ、また鹿島を詠んだ歌も収められていることは、幕末から明治にかけて一貫する水戸と鹿島の関係を暗示していよう。

また、『大日本史』編纂の掉尾を飾った栗田寛博士は、その生涯の学問の結晶を次のように書き記している(61)。

神を敬ひ、皇室を尊び、大義を昭にし、名分を正し、惟神の大道を奉て、異端邪説を排し、以て天下人心を維持するを得ば、おのづから崇祖の道にかなひ、国土ハ堅石常石の揺ぐことなく、万世を安じ、我常陸に降り鎮り坐す、鹿島大神の御神慮にも、添へ奉るべしとなむ思惟す。

ここにも、明らかに鹿島神宮崇敬の念が窺えるのである。そうしてみると、水戸藩三百年の星霜を経ても、なお烈烈たる信仰の躍動があり、その信仰心は水戸学の心底を形成する一翼を担ったということができるであろう。

このように近世水戸藩と鹿島神宮の関係を概観してくると、鹿島神宮の崇敬を通じて水戸学に流れる神道思想の一端をみることができるように思われる。

註

(1) 「水戸殿参詣記」(鹿島町文化財愛護協会『文化財だより』第十号所収)。
(2) 歴史図書社版。
(3) 『祭頭祭史料Ⅰ古文書編』所収、ここに述べられている様子は大宮司則広則敦の記録によっても窺うことができる。(茨城県立歴史館所蔵『鹿島則幸家文書』一二八四)。
(4) 『潮来と鹿嶋香取』。
(5) 『新定東湖全集』所収「常陸帯」神社を尊崇し給ふ事。
(6) 『水戸義公全集』下所収「水戸義公書簡集」六九〜七四。第一章を参照されたい。
(7) 稲垣国四郎編(補記、『日乗上人日記』の再検討によって、当日光圀は参拝していないと判断すべきであるとの結論に至った。第一章補記を参照されたい)。
(8) 『鹿島則幸家文書』、茨城県立歴史館所蔵、本稿では鹿嶋市教育委員会所蔵の複写本によった。
(9) 水戸史学会編『水戸義公伝記逸話集』所収。
(10) 『茨城県史料・近世政治編Ⅰ』所収。
(11) 『水戸紀年』同右所収。
(12) 吉田活堂『水の一すち』中。

(13) 「烈公斉昭の鹿島神宮景仰」『常総の歴史』第四号所収。その後この論文で言及した「小笛家文書」中の小冊子は彰考館所蔵の『弓の本末』であることがわかった。小笛家に伝えられた小冊子は写しなのであろうが、『弓の本末』は清書本である。
(14) 『水戸藩史料』別記上巻六所収。
(15) 版本。筆者所蔵。
(16) 国立国会図書館所蔵、本章では茨城県立歴史館所蔵の複写本によった。
(17) 『水戸市史』中巻の(三)。
(18) 茨城県立歴史館所蔵。ここに引用したのは三七一、八八二、一二四二の文書である。
(19) 蔭山秋穂『水戸烈公詩歌文集』。
(20) 『茨城県史料・幕末編Ⅰ』所収。
(21) 『鹿島町史』第一巻。
(22) 鈴木彰『幕末の日立』所引。なお、この祝詞は蓮田一五郎も写している。
(23) 『鹿島町史』第一巻。
(24) 『口丹波史料(三)』所収。
(25) 茨城県立歴史館所蔵『立原翠軒伝資料』所収。
(26) 吉沢義一「資料紹介・長島尉信筆写本木村謙次『蝦夷日記』抄」(『茨城県立歴史館報』第二十号所収)寛政十年七月二十八日の条、また同著『天下の英豪・木村謙次』にも所引。
(27) 『新定東湖全集』所収。
(28) 同右。
(29) 『東湖先生の半面』所収。
(30) 有馬徳『勤王水戸志士の歌』所収。
(31) 「幽谷詩纂」『幽谷全集』所収及び『貴重書解題・第十四巻書簡の部第三――藤田幽谷書簡――』所収六二一。

(32) また、西村文則『藤田幽谷』によれば文政五年に参詣しているという。
(33) 高須芳次郎『水戸学派の尊王と経綸』及び荒川久寿男『水戸史学の現代的意義』所収「新論詩史」所引。
「鹿島詣」は『安都麻虚東』(静嘉堂文庫所蔵)にみえ、『宇麻志美道』は彰考館文庫所蔵。また、『和歌御会始の記』(彰考館文庫所蔵)には「神祇」と題する次の歌が収められている。

　東路の国のしつめと霰ふりかしまの宮の神さひにけり
(34) 『蓬軒遺風』其一の二、また、北条猛次郎『維新水戸学派の活躍』によれば蓬軒も鹿島神社勧請の具申をしたという。
(35) 茨城県立歴史館所蔵『類題衣手集』巻三。
(36) 西村文則『水戸学随筆』所引。
(37) 沼田早苗「加倉井砂山研究――その奥州旅行の時期をめぐって――」『水戸史学』第二十三号所収。
(38) 小池直次郎『鹿嶋史』所引。
(39) 『小川町史』上巻。
(40) 『寒緑小稿』版本、筆者所蔵。
(41) 有馬徳『勤王水戸志士の歌』所収。
(42) 同右。
(43) 『幕末風聞探索書』下所収。
(44) 『鹿島町史』第一巻、拙稿「鹿島文庫について――その意義と水戸との関係――」『神道史研究』第五十一巻第三・四合併号(本書第二章)所収。
(45) 木村俊夫「史料紹介・烈公の書簡」『水戸史学』第三号所収。
(46) 『東湖先生の半面』所収。
(47) 『水戸藩史料』別記巻十七所収。
(48) 名越漠然『水戸弘道館大観』、伯民がその著「退食間話」に鹿島神宮の祭神を祭った理由について述べていることは、あまりに著名であり、ここに引くまでもないであろう。
(49) 茨城県立歴史館所蔵。
(50) 『大野村史』。
(51) 名越漠然『水戸弘道館大観』所引、また蓮田一五郎も筆写している。
(52) 名越漠然『水戸弘道館大観』所引。
(53) 蔭山秋穂『水戸烈公詩歌文集』。
(54) 名越漠然『水戸弘道館大観』所引。
(55) 『鹿島町史料集・社家文書巻壱』所収「枝家祢宜文書其壱」。『惣大行事日記』(鹿島の文化財第六十八集) 文久三年六月二十八日の条に「今日四ツ時頃、水府前中納言様御末子御両人十三人位と十許りなる衆、参詣これ有り」とみえている。
(56) 伝記については望月茂『佐久良東雄』・市村其三郎『佐久良東雄先生遺薫及其』・拙編『新版佐久良東雄歌集』所載の小伝・拙著『「佐久良東雄伝」の研究』等を参照されたい。
(57) 顕彰会編『佐久良東雄歌集』、以下、特に註記しない場合はすべて同歌集による。
(58) 望月茂「義公と佐久良東雄」『日本公論』二十一-十一所収。
(59) 拙編『新版佐久良東雄歌集』及び市村其三郎『佐久良東雄先生遺薫其の生涯』。
(60) 茨城県立歴史館所蔵。詳細は拙著『幕末の水戸歌壇』を参照されたい。また、吉成英文氏所蔵の「弘道館梅和歌」に神宮関係者の歌が収録されていることも同様の事例としてよいであろう(『幕末の水戸歌壇・其七』参照)。
(61) 照沼好文「日本学の志操——栗田寛先生と水戸史学——」『水戸史学』第二十八号所収。

(『鹿嶋史叢』第二十号、平成六年)

第四章　藤原鎌足鹿嶋出生説をめぐって

藤原鎌足の出生地をめぐっては、古来常陸説と大和説がある。常陸説は『大鏡』により、大和説は『家伝』（『鎌足伝』または『大織冠伝』ともいう）によっているのであるが、以下それを検討してみたいと思う。

○

まず、『大鏡』からみてみよう。根拠は一五七段の次の記事である。

その鎌足のおとど生れたまへるは、常陸国なれば、かしこ鹿島といふ所に、氏の御神住ましめたてまつりたまひて、その御代より今にいたるまで、あたらしき帝・后・大臣たちたまふ折は幣の使かならずたつ。

ここでは常陸国生誕を述べてはいるが、鹿嶋（島）での生誕とはみえていないのに注目しよう。鹿島は氏神を祀ったところなのである。『大鏡』はその著作年代が万寿二年（一〇二五）を装ってはいるが、実際は嘉承二年（一一〇七）以後とのことである（『国史大辞典』大鏡の項による）。そうとすれば、鎌足が没した六六九年からすでに四百年以上を経ている。この説は北条時隣の『鹿島志』（文政七年刊）に「鎌足内臣の当国に生れ給へることハ、大鏡・同裏書・伊呂波字類抄・簾中抄・下学集・北条九代記・常陸国誌などミゆ。」と支持されているが、大和説も併記している。『新編常陸国誌』（中山信名著。のち色川三中・栗田寛博士によって増補されている）は鎌足を説明して両説とも記録しているが、「鹿島古老相伝、鎌足生鹿島。故其宅地今尚存焉。如不可誣。仍姑載此」と註しているところからみると、常陸鹿島説に傾いているようにも思われる。常陸説を主張する者は『新編常陸国誌』を決まって引用するが、『国誌』の基本は併記なのである。また『大日本史』列伝（「氏族志」ではふれていない）や会沢正志斎の『草偃和言』（天保五年刊）にも『大鏡』による常陸説が割註で記されている。ただ、会沢は「常陸鹿島の人なりといふ」としているのでやや混乱がみられる。

◯

次に『家伝』の鎌足伝をみよう。『家伝』は全文が『新編常陸国誌』にも引かれているが、元来は『群書類従』巻六十四に収められているものである。冒頭に「大倭国高市郡人也」とみえている。ただ、出生地に関してはこれだけである。問題は『家伝』の史料的価値であるが、まず「家伝上」と記した下に「大師」とみえて、この「大師」は藤原仲麻呂と考えられている。たとえば坂本太郎博士は「これは恵美押勝の撰なることを示したものといはれている。この説の真偽は之を確むる微証を欠くが」と断定されてはいないが、『日本書紀』との関係を考察して「恵美押勝大師に任ぜられる頃までも、その伝記が撰せられなかったといふのは一つの不思議である。そこで憶測を許さるれば鎌足薨後間もなくその伝が撰せられたのではなからうか。そしてそれは書紀編者の資料となったのではなからうか。」（『坂本太郎著作集』第六巻、四四〜四六ページ）とされる。恵美押勝すなわち仲麻呂が太師（坂本博士や『家伝』では「大師」。太政大臣のこと）に任ぜられたのは天平宝字四年（七六〇）のことで、岸俊男博士によれば武智麻呂伝の成立が宝字四年とのことであるから（人物叢書『藤原仲麻呂』）、それと同年代の成立とみるのが妥当であり、「現存『家伝』の筆者をその所伝のままに信じてもまず間違いはあるまい。」（同書二九四ページ）とのことであり、また横田健一氏の説によって『家伝』が「全体に抽象的な言葉や中国の故事の比喩が多いことを仲麻呂らしい特色としている。」（同書三〇一ページ）とも記されている。

これらによると、『家伝』は藤原仲麻呂の手になるもので、天平宝字四年（七六〇）頃に成立したものということになろう。したがって、鎌足没後九十年程度しか経ていないこととなり、しかも曽祖父の伝記を書いたというわけである。坂本博士の推定が正しいとすると、さらに以前に鎌足伝があったことになろう。このようにみてくると、仲麻呂の記述に疑う余地は少ないように思われる。

〇

『新編常陸国誌』にはその他「伊呂波字類抄」「俗伝」「下学集」等の引用もみえるが、これらの記述は『大鏡』より後のものであり、また根拠に乏しいと思われるのでここでは言及しない。ただ、『常陸国風土記』久慈郡の条にみえる左の一節に関して若干の考察をしておきたいと思う。

淡海の大津の大朝に光宅しめしし天皇の世に至り、藤原の内大臣の封戸を検に遣されし軽直里麿、堤を造きて池を成りき。

この記述では、天智天皇の世に藤原の内大臣すなわち藤原鎌足の封戸が久慈郡に存在したことが知られるのである。鹿島郡の条には鎌足に関する記述はみられないけれども（神郡創設の記事あり）、久慈郡の条から推察すれば、常陸国には鎌足の封戸が存在した可能性はあろう。問題なのは何故に鎌足の封戸が存在したかということである。これは鹿島神宮の鎮座と密接な関係にあると思われるが、明確に結論を出すことはむずかしいようである。ただ、藤原氏の氏神については宮井義雄氏の言及があるので、これによって若干を記してみたいと思う（平成元年『歴史の中の鹿島と香取』）。

宮井氏によれば、藤原氏の氏神は鹿島神という。『大鏡』にも「藤原氏の始祖鎌足の出生地を常陸国とし、出生地の鹿島神宮に氏神をしずめまつったこととしるしている。」（一二八ページ）とされる。「出生地の鹿島神宮」という記述は正確ではないが（『大鏡』の誤読であろう。出生地が鹿嶋とは書いていない）、次に「これは一般に氏神が氏族本貫の地の神だった事実を前提とする。」とも記され、その例として小野氏と高橋氏をあげ、春日神社は平城京における例とされるのである。その春日神社は、鹿島・香取・枚岡の三社から勧請して創建されたのであるが、その神の中では鹿島神の位階が最高であったという。藤原氏は中臣氏から離脱し、鎌足の封戸の地だった常陸国の鹿島神宮を氏神の鎮座社に限定したのだと説かれ、そして「鎌足は常陸国の田荘・部曲を大化改新の際に封戸にあらためられて関係を存続し得た。鹿島神宮は封戸の地の神をまつる神社として、鎌足の家の崇拝をうけた。これが鹿島神宮を藤原氏の氏神鎮座社にさだめさせた理由であろう。」と述べられる。ここでは本貫地の神を祀るということに注目すべきであると思われる。それは藤原氏の本貫地が鹿嶋であることを暗示するからである。

○

ところで『家伝』に「生於藤原之第」とみえているが、この藤原は明らかに地名である。この藤原の地はどこに比定されるのであろうか。藤原京は藤原の地名によるので、大和（飛鳥）に藤原という有力な地名が存在することは明らかである。私はその詳細は調べ得ていないが、『万葉集』巻十に、

藤原の古《ふ》りにし里の秋萩は咲きて散りにき君待ちかねて（二二八九番）

という歌がみえるが、この藤原は地名であろう。契沖の『万葉代匠記』に「藤原は高市郡に在」とみえるのは正しいであろう。宮井氏も引用されているが（前掲書一六〇ページ）、『万葉集』巻一に、

天皇の藤原夫人に賜へる御歌一首

わが里に大雪降れり大原の古りにし里に降らまくは後（一〇三番）

藤原夫人の和し奉れる歌一首

わが岡のおかみに言ひて降らしめし雪のくだけしそこに散りけむ（一〇四番）

という歌がみえる。天皇は天武天皇、藤原夫人は鎌足の女である。『万葉集代匠記』には「大織冠ノ御女二人夫人トナリ賜フ中ニ五百重娘ニ賜ルナリ」とみえている。この藤原も地名を暗示していると考えてよいであろう。そうすると、やはり『家伝』の「藤原之第」というのは大和飛鳥の藤原とするのが自然のように思われる。

また、『群書類従』巻第六十二所収の『中臣氏系図』によると、鎌足の父御《み》食《け》子《こ》の条には「右大連

供奉小治田井岡本二朝廷」とあり、祖父可多能祐《かたのこ》の条には「右大連供奉他田宮御宇渟名倉太玉敷天皇之朝廷」とみえている。小治田は舒明天皇、その後は敏達天皇の宮を示しているから、やはり飛鳥一帯ということになろう。

鹿嶋市宮中下生の鎮座する鎌足神社がいつごろから祀られたかは明らかではないが、すでに述べたように『鹿島志』(文政七年あるいは六年)以前ということはできるであろう。それ以外では石井修融の『廿八社略縁起誌』巻三に大職(織)冠宮の項があり「今小社アリ」とみえる。本書は寛政九年(一七九七)に刊行されているが、天明四年(一七八四)から書き始めたようであるから最大天明四年以前とする可能性があろう。また、本書には「鹿島宮社例伝記」と「鹿島神宮記」の名がみえるから、この二書は『廿八社略縁起誌』以前の成立である。実はこの二書に鎌足神社のことがみえるのである。前者には「大職冠之事」という項があり「鎌足之御出生之地アリ。其所仁有社。是大織冠之社登申」とみえ、後者には「宮外之小社」として鎌足神社の名がみえているのである。「社例伝記」がいつ頃の成立か不明であるが、内容からして中世を遠く遡るものではないであろう。したがって、鎌足神社の創建が中世末か江戸初期くらいまで遡ることには特に問題はあるまいが、それ以上は現在の私には検討は不可能である。少なくとも、鎌足神社は鎌足生誕の地に建てられたというのであるから、それ以前にその伝承が流布していたことは確認できるのである。明治三十五年に建設された吉川久勁の「大織冠藤原公古宅址碑」(『鹿島名勝図会』参照)に藤森天山の詩がみえているが、天山も幕末の人であるからそもそも史料的価値をみることはできない(大正七年刊行の『潮来と鹿嶋・香取』には挿絵が収められている)。

ただ、鎌足が鹿嶋の生まれという伝承は『常陸国風土記』や『大鏡』の記事と併せて考えてみると、容易に成立し、鹿嶋だけではなく常陸国の人々に信仰されてきたのだと思われる。常陸国が鎌足と密接な関係にあったことはすでに述べた通りであるが、それを簡単に捨て去ることはできない。今のところ、歴史学的検証では大和説が有力ではあるけれども、少なくとも鎌足が鹿嶋の生まれであるというロマンはあってもよいのではあるまいか、と私には思われる。

補記

・後年の著では『鹿嶋史』や『鹿島神宮誌』にも鹿島出生説がみえている。
・「鹿島志」「廿八社略縁起誌」「鹿島宮社例伝記」「鹿島神宮記」は『神道大系』所収本による。
・『藤原鎌足とその時代・大化の改新をめぐって』(平成二年)と『歴史読本』(昭和六十三年四月、特集「大化改新の英雄藤原鎌足を探る」)所収の志田諄一「鎌足の出生地の謎――鹿島説を追う」は有益である。

(『鹿嶋史叢』第二十四号、平成十年)

第五章　祭頭祭の起源

一　問題の所在

関東の奇祭として知られる鹿島神宮の祭頭祭は、今日では三月九日に行われており、いわば春祭りである。その起源は確実に中世にまでは遡り得るが、棒祭りを伴うところから防人の出立にちなんでいるとされている。本章では、この祭りの起源が果たして防人に関係するのかどうかを検討してみたいと思う。

例年のごとくマスコミに取り上げられる際には決まって防人が登場するのであるが、防人起源説が唱えられたのはそれほど古いことではない。管見の及ぶ限り、昭和八年刊行の『鹿島神宮誌』（岡泰雄編）が嚆矢であり、「恐らくは奈良朝時代の防人《さきもり》の出立ちに擬へたのであらう」とみえるのがそれである。特に根拠が示された訳ではないが、以後大きな影響を与えることになった。それは、戦後に刊行されたほとんどすべての書物が防人起源説を採用しているといっても過言ではないからである。たと

えば、東実『鹿島神宮』（昭和四十三年）、茨城県神社庁『茨城県神社誌』（昭和四十八年）、『鹿島町史』第二巻（昭和四十九年）、祭頭囃保存会『鹿島の祭頭祭』（昭和五十五年）、堀田富夫『鹿島神宮』（昭和五十六年）、茨城県神社庁『茨城の神事』（平成元年）等である。

一般に「祭頭」の用例は『鹿島長暦』にみえる次の記事によっている[1]。

十五年庚子（延文五年）三月烟田遠江守時幹、畠山道誓に従て官軍を河内に攻む。金剛山の乾なる津々山の営中に在り。四月の祭頭役に当るを以て道誓に請て帰国す。

この「四月の祭頭役」に「祭頭」の出典を求め、更に『常陸国風土記』の「年別の四月十日に、祭を設けて酒灌す。卜氏の種属、男も女も集会ひて、日を積み夜を累ねて、飲み楽み歌ひ舞ふ」という記事と結びつけて四月の祭りを解釈してきたのであるが、「祭頭」の用例は認めるにしても四月の祭りを祭頭祭とすることはできない[2]。それは祭頭祭が常楽会として二月十五日に行われてきたからである。鹿島神宮の神官である北条時鄰《ときちか》の『鹿島志』（文政六年）に「祭頭」を説明して、

毎年二月十五日、常楽会の仏事神宮寺にて行ハる。是を祭頭といふ。次第ハ昼夜二度なり。まづ昼のさほふハ上下村々の末寺等、右方・左方と称し毎年順番に勤む。（中略）そも〳〵当日ハ釈迦如来滅日にて、大神にハ何のよしなし。されバ神宮においては更に関らぬことぞ[3]。

とみえ、疑う余地はないからである。確かに、時鄰の指摘の通り、常楽会が祭頭祭であり、祭頭祭は鹿島神宮の祭事ではなかった。神宮寺の常楽会は祭頭囃保存会が刊行した『祭頭祭史料』によれば鎌倉初期にまで遡り、その時すでに二組の村が左方・右方の囃し手として卜定されていた[4]。この二組の

村の卜定は原則として中世・近世をへて今日まで踏襲されているが、若干を江戸期から例示すると左のようになる。

宝永元年　左方　塚原　宝積院
　　　　　右方　柳堀　実相院
宝永二年　左方　居切　照明院
　　　　　右方　大舟津　威徳院
宝永三年　左方　角折　霜水寺
　　　　　右方　幡木　長命寺

ここで村名の次に寺院の名がみえているのは、寺院の住職が祭の頭人を務めたからであり、いわばその寺院を中心として檀家が囃し手を担当したのであり、それはまた鹿島神宮の氏子でもあった。神宮側が直接に祭頭祭に関与しなかったのは、元来が常楽会であったから当然のことであるが、中世に成立したと思われる「鹿島宮社例伝記」や「鹿島宮年中行事」(5)に祭頭祭がみえていないところからしても明らかである(ただし、「年中行事」には常楽会に関する記載がある)。

防人起源説に関連しては、中山太郎氏に否定的な報告がある。それは大正十五年に発表された論考において「此の神事は祭頭が東夷征討の凱旋式に擬したものと云ひ、神宮の方でも其の伝説を認めて居られるやうであるが」と述べられたことである。(6)防人についてふれられていないばかりか、東夷征討との関係を暗示され、しかも中山氏は鹿島の現地調査をふまえ、かつ故老からの聞き取りも行われているからである（中山氏自身は東夷征討との関係は疑問とされているが）。また、鹿嶋市史編纂委員会が発掘した『鹿島町町是』（大正二年）の「鹿島神宮」春季祭の項でも防人にはふれていないのである。したがって、大正年間には祭頭祭が防人とは何らの関連をもたなかったということにならざるを得ない。もし、関連を認めるのであれば『万葉集』にみえる大舎人部千文の著名な歌などにふれないはずはあるまいと思われるのである。(7)

かくして、防人起源説は『鹿島神宮誌』に突如として出現し、歴史的実態のないまま一人歩きしてきたのである。

二　祭頭祭の起源

それでは、一体祭頭祭の起源をどこに求めればよいのであろうか。私は常楽会としての祭頭祭が二月に行われてきたことを重視したいと思う。『鹿嶋神宮記』の祭礼の項に「二月初午日祈年穀之祭」とあり、註に「天慶年中ヨリ行之」とみえるから祈年祭があったことが窺われる。(8) 一方常楽会は涅槃会とも称し、『鹿島宮年中行事』に「五穀豊饒」のためともみえる。奈良時代に始まり平安初期には興福寺で盛大に行われたという。興福寺は藤原氏の氏寺であるから、藤原氏と密接な関係にあった鹿島神宮と結びつくことは想定されてよいであろう。それは藤原氏によって二月の上申日が祭日とされる春日祭を期して鹿島使が派遣されていたことも同様であろう。鹿島使は十二世紀半ばまで確認されているが、藤原氏と鹿島社とを結びつける史料の初見は『続日本紀』宝亀八年七月十六日の条である。鹿島社の社格が上がるにつけて藤原氏の崇敬も強まっていくが、それは『延喜式』や『小野宮年中行事』によっても確認される。(9) また、大宮司職が中臣氏(あるいは大中臣氏)によって世襲されてきたことも考慮してよいであろう。なお、棒祭りは五穀豊饒の祈願を込めたものでもあるという。(10)

ところで、鹿島神宮の祭神は武甕槌神(建御雷神)であるが、これは『古語拾遺』による。『常陸国風土記』によれば「香島の天の大神」であり、坂戸社や沼尾社の神をも含んでいた。それを物部氏が奉じて進出した後、中臣氏によって祭られることになり、その顕現が鹿島使の派遣である。平安初期には東北への版図の拡大が図られるが、その際武神としての鹿島の神が奉じられ、その結果苗裔神が多く祭られることとなるのである。たとえば『日本三代実録』貞観八年正月二十日の条や『類聚三代格』巻一所収の太政官符によると陸奥国には三十八社があったというし、『続日本紀』延暦元年五月二十日の条には「陸奥国言す、鹿島の神に祈禱して山賊を討ち撥《おさ》む、神検虚きに非ず。」とみえている。このような状況から武神としての鹿島の神の役割を考慮するとすれば、防人との関連よりは陸奥計略に重きを置いたほうがよいのではあるまいか。陸奥計略に関しては、寛政九年の成立と思われる石井脩融の『廿八社略縁誌』巻三鹿島神宮の項に次のような一節がみえることも注目してよいであろう。(11)

装束爽装餝リ、夫ヨリ帨愡ノ壮士数百人、乱髪ニ鉢巻ヲシメ、襦半ヲ着シ、襷ヲ掛ケ、手ニ棒ヲ持、左右同ク大声ノ囃ニテ供奉ヲ列ス。是古阿久留王退治ノ余風ナリトゾ。終日宮中ヲ徘徊シ、若シ謬テ左右相逢、則大ニイドミ合、恰モ軍中ノ如クシテ生死ヲ知ズ。

「阿久留王」は悪路王すなわち蝦夷の首長アテルイのことであろうが、陸奥征討の余風として捉えていることは、先の中山氏の指摘にもみえ鹿島にその伝説が存在したことは事実であろう。

三　まとめ

以上のように祭頭祭の起源を整理してみると、その祖形は祈年祭であり、ついで常楽会と春日祭の要素が混じりあって形成されたのであろう。また、鹿島の神が武神であったところから陸奥計略の進行と相俟って、棒祭りの要素に「阿久留王退治ノ余風」という解釈が生じ、それがさらに飛躍して防人に結びついたのであろうと思われる。いずれにしても、祈年祭としての復活は明治二年以後であり、太陽暦の採用に伴い三月九日の祭事（春季祭）として定着し今日に至っているのである。[12]

註

（1）この記事の出典は左の「烟田氏文書」（『新編常陸国誌』巻十四所収）である。

鹿島烟田遠江守時幹申軍忠事

右者年十月為南方凶徒御退治、御上洛時、令御供所所御陣警固仕、至于龍山平石城、并楠館没落之期、抽忠節訖、将又依被差定、鹿島大神宮来四月頭役、任先規所令下国也、然者早給御判、向後為備亀鏡、目安言上如件

延文五年三月　日　　　　承了　在判

延文五年は南朝年号の正平十五年に当たる。文中に大神宮来四月頭役とみえるのは、応永八年の「大宮司大中臣則重等連署申状」に「奉勤仕毎年(四月・八月・十一月)三ケ度之御祭礼、天長地久并公家・関東御祈禱之条」とみえ、永享七年の「大禰宜中臣憲親等連署請文案」に「毎日之供料収納粗穀、卯月霜月大神事料物等出之」(ともに『鹿島神宮文書』所収、圏点は梶山、以下同じ)とあることと通ずるであろう。

(2) 『常陸国風土記』の記事と結び付けるのは『鹿島町史』第二巻、祭頭囃保存会『鹿島の祭頭祭』、宮井義雄『鹿島香取の研究』(昭和十五年)等にみられるが、宮本茶村の『郡郷考』に「按四月十日の祭今も行ふ。されと積日には至らず」とあるから、江戸後期には祭頭祭と結びついていないことが確認される。なお、志田諄一『常陸風土記とその社会』(昭和四十九年)によれば、四月十日の祭が一月十四日の踏歌祭に吸収されたというが、これは傾聴に値する説である。

(3) 『神道大系』神社編二十二及び『版本地誌大系』一四所収。

(4) 『祭頭祭史料I古文書編』所収の断片によれば建仁四年が初見であり、この時すでに常楽会の囃し手が割り振られていたことが知られる。

(5) ともに『神道大系』神社編二十二及び『鹿島神宮文書』所収。

(6) 「鹿島神宮祭頭の土俗学的考察」(『國學院雑誌』第三十二巻第四号所載、大正十五年)。

(7) 『鹿島名所図会』(明治三十九年)・高塚丑之助『潮来と鹿嶋香取』(大正七年)・小池直次郎『鹿嶋史』(昭和十年)等の春季祭の項に防人に関する記述はみえない。ただ、『鹿島名所図会』にみえる「これ上古神軍の様を形どりたる祭なり」という記載は『鹿島志』の「蓋鹿島香取上古の神軍の事を形どりて常楽会に混合したるしわざなるべし」によったものであろう。

(8) 『神道大系』神社編二十二所収。なお、祈年祭については西山徳『増補上代神道史の研究』(昭和五十八年)を参照されたい。

(9) 久信田喜一「古代常陸国鹿嶋郡鹿嶋郷について」『茨城県立歴史館報』第二十四号所載。なお、『続日本紀』

宝亀八年七月十六日の条には「内大臣従二位藤原朝臣良継病、叙其氏神鹿嶋社正三位、香取神正四位上」とみえる。

(10) 茨城民俗学会『国鉄鹿島線沿線の民俗』(昭和五十六年)及び鹿島神宮社務所『新鹿島神宮誌』(平成七年)。なお、『新鹿島神宮誌』および萩原継男「鹿島神宮『祭頭祭』についての考察」『神社本庁教学研究所紀要』第五号所載(平成十二年)では防人起源説を取らず奥宮祭のみあれの要素に求めている。また『鹿島の祭頭祭』によると、今日の祭頭囃歌には「五穀は豊饒だ」「豊年満作」との歌詞がみえ、昭和八・九年の場合でも類似の歌詞が確認されるから『鹿島神宮誌』刊行時に祈年祭の要素をみることは容易である。

(11) 『神道大系』神社編十八所収。

(12) 祈年祭は昭和三年に分離し、以後二月十七日に行われている。今日、三月九日の祭は午前の祭頭祭と午後の春季祭からなり、その間に祭頭囃(棒祭り)の神事がある。

(『日本歴史』第六三六号、平成十六年)

付記　平成十五年刊行の私家版『祭頭祭・その起源と実際』にその詳細を述べた。

第六章　平田篤胤・鉄胤と常陸

はじめに

平田篤胤の近世思想史上における地位は極めて高いといえよう。それは「国学の四大人」の一人に数えられていることによるが、また著述に努めるかたわら多くの門人を養成し、やがて彼の学問は平田学として形成され、明治維新を導く根源の力となったからである。暇あるごとに地方を旅行し、自己の学問の扶植を図った篤胤は、信濃や下総では多くの入門者を得たが、常陸では必ずしも成功していない。本章では、篤胤と養子鉄胤も含めて常陸との関係に焦点をあてて、その事情を考察したいと思う。

一　常陸への旅

養子である鉄胤が記した『大壑君御一代略記』によると、篤胤の常陸への旅は二度である。一回目は四十一歳、文化十三年四月のことで「始メテ鹿島宮・香取宮及ビ息栖神社ニ参詣玉フ。序ニ銚子辺ヲ廻リ、諸社巡拝シテ天之石笛ヲ得玉ヘリ。之ニ依テ家号ヲ伊吹之屋ト改メ、通称ヲ大角ト名称告玉フ。」とみえ、二回目は四十四歳、文政二年で「三月十五日、立テ、再ビ鹿島・香取宮ニ参詣玉フ。五月帰府。」とみえている。これらの常陸行は門人獲得のために実施されたのであるが、特に一回目は家号の件もあり重要な旅であったことが窺えるし、また『平田篤胤翁百年祭記念論文集』所収の「平田篤胤大人略年譜」にも「此ノ行ニ依リ常陸ノ門人頓ニ増加ス」と記されている。二回目の詳細は不明であるが、「気吹舎日記」の記載からして五月帰府というのは誤りであると思われる。それは同年閏四月八日の条に「旦那様総州より御帰宅」とみえているからであるが、この記述は篤胤自身のものではなく抄録であるからこのような書き方になっているのである。(1)

ともかくも、篤胤は常陸へ二度旅を試みているが、これは常総への旅の一環としてであって常陸への独自の旅ではない。(2)

二　水戸藩との接触

篤胤が水戸藩と接触したことは著名な事実であるが、(3)『大壑君御一代略記』には何故か記録されていない。水戸藩との接触は文政十一年からで、それは屋代弘賢の仲介を得て書物を献上したことに始まる。その後、水戸藩への積極的な働きかけが功を奏して天保二年には水戸公(斉昭)御目見の機会を得るまでになった。しかし、篤胤が望んだ仕官については容易に事は運ばなかった。三年十一月二十三日には藤田東湖を訪問し、仕官の件を依頼した。当時、東湖は『神道集成』の編集に当っていたから篤胤の学識に期待を寄せていたものと思われる。四年正月には再度の御目見も果たしたが、仕官の件は一向に進まなかった。五年になると、東湖との関係が頻繁にみられるようになる。同年三月、東湖は会沢伯民に宛てて、

平田大角なるものは、奇男子に御座候。野生も近来往来仕候処、其怪妄浮誕にはこまり申候へ共、気概には感服仕候。大角に比候へば、松のや抔は、書肆のばんとう位の者に御座候。先年御閲被成候事も御座候。大角の著述、先公へ献候分御預ケに相成候ゆへ、もし誠に御覧被成候ハヽ、御用に仕り差上可申候。三大考を元にいたし、附会の説をまじめに弁るハ、あきれ申候へども、神道を天下に明にせんと欲し、今以て日夜力学、著述の稿は千巻に踰候気根、凡人にハ、無御座候。乍去、奇僻の見は、最早牢固不破候、可憾。

と書き送っている。文中の「松のや」というのはすでに水戸藩に出入していた小山田与清のことであるが、篤胤との対比が興味を引く。東湖は「奇男子」と評価するけれども、その学問の傾向には必ずしも賛成していない。しかし、十月から十二月にかけて篤胤は東湖を三回訪問しているし、また東湖に内願書を送り、東湖はそれに応えて斉昭に推挙しているから、学風とは別に篤胤の人となりを認めていたはずである。東湖の尽力にもかかわらず結局のところ篤胤の願いは達せられなかった。

その他にも、助川海防城の地鎮祭に際して祝詞を作成し、その謝礼として銀三十枚を贈られている

が、水戸仕官の関係で水戸領内を訪れたことはないようである。いずれにしても、水戸学派（東湖以外では吉田活堂・会沢伯民・豊田天功等）が篤胤に対してその力量を高く評価していたことは認められるが、幕府への配慮や国文学的側面からの評価等が篤胤の水戸仕官を成就させなかったのであろう。

三　門人帳について

三木正太郎氏の研究によれば『気吹屋門人帳』にみえる常陸の門人は四十二名であり、下総の百七十名と際立った対照をなしている[4]。篤胤が常陸に旅行し、その直接的影響として考えてよい文化・文政年間を例にとると、常陸はわずか四名であるのに対して下総は九十七名を数える。常陸の入門者は文久以後明治にかけてがその大部分である。それでは次に、常陸の入門者について考えてみよう。まず、『誓詞帳』及び『門人姓名録』[5]にみえる人物を列挙する。

関戸茂斎（行方郡潮来宿）　◎成田伊予介（真壁郡成田村）　◎竹来大和（信太郡竹来村）
◎竹来大隅　◎宮本　緑（信太郡大谷村）　桜　靱負（新治郡）
久米孝三郎（水戸藩）　栗橋貞三（茨木郡浜田住士）　今泉吉兵衛（新治郡高浜村）
中村慎吾（河内郡小茎村）　高橋八三二（信太郡飯倉村）　山国兵部（水戸藩）
島田貞吉（新治郡柏崎）　今泉助五郎（新治郡高浜村）　福田千太郎
磯山与衛門（新治郡）　菅谷丈助（新治郡柏崎）　＊小神野信蔵（鹿嶋郡）

◎吉小神式部（河内郡太田村）　◎宮本大和（信太郡竹来村）　＊鹿嶋丹下
＊東主膳　飯田恒右衛門（茨城郡上押辺村）　◎根本五百枝（河内郡伊佐部村）
◎根本伊賀（同）　◎宮本主計（信太郡信太村）　月岡鉄一（水戸藩）
小池丈吉（河内郡古渡村）　◎磯辺川務（茨城郡磯部村）　三部武次郎（土浦藩）

以上の三十名のうち水戸藩士が三名、鹿島神宮関係者が三名（＊印）含まれているが、初めの六名（関戸茂斎から桜靱負）を除いては篤胤歿後の入門である。神官も少なくないが（◎印で十名）、後述する鉄胤の常陸行が奇縁となって入門した者が多い。水戸藩では久米と山国が注目される。久米は安政三年正月二十三日、菅長義（伊予国越智郡大三島社・嘉永四年入門）の紹介で入門している。二十九歳であった。国学的教養の持ち主で『大八洲史』『水屋集』『あやめの露』『明倫歌集体裁論』『大鏡校訂』等の著述があり、桜靱負（佐久良東雄）とも交遊があった。(6)その桜靱負は伊能穎則（佐原の人・嘉永六年入門）の紹介で天保十三年に入門し常陸の門人では早い方になる。(7)山国は野城広道（上総国市原郡の人・文久二年入門）の紹介で、文久四年二月二十一日に入門している。兵法に詳しく、烈公斉昭に重く用いられたが、武田正生（耕雲斎）に荷担し敦賀で斬られた。(8)この二例のみで平田学と水戸学との関係を論ずることは困難であろう。

その他、紹介者をみていくと、栗橋が角田忠行（信濃国佐久郡の人）、中村が師岡正胤（江戸の人）・宮和田胤景（下総国相馬郡の人）、島田が木村重義（下総相馬郡の人、宮和田の紹介で入門）、福田が松尾誠哉（信濃国伊那郡の人）、磯山が間秀矩（美濃国中津川の人）、菅谷が木村重義、小神野が柿沼雅雄（下野国都賀郡の人）、鹿嶋が小神野信蔵、東が小神野信蔵、飯田が間中与左兵衛門（下総国猿島郡の人）、根本（二人とも）が宮本芳郎（相模国大住郡の人、角田の紹介で入門）、宮本が宮本芳郎、小池が田中定秋（江戸の人）、磯辺が高田義甫（近江国蒲生郡の人）、三部が田中定秋である。このような状況をみると、門人が門人を紹介していく様子が窺えるが、また平田学が大いに広まった信濃や美濃と常陸との関連も暗示されているようである。

四　著述にみえる常陸

篤胤の著述にみえる常陸関係の記述は多いとはいえない。しかも、鹿島と水戸に限定されているようである。まずは、篤胤も参拝した鹿島神宮に関するものからみていこう。

『毎朝神拝詞記』には二十五の神拝詞が収められているが、その五に「次に常陸国下総国の方に向ひ、右の如く拝みて」とみえ、詞に「常陸国鹿嶋宮ニ鎮座マス武甕槌神」とある。八には「次に常陸の国の方に向ひ、右の如く拝み奉りて」とみえ、詞には、

常陸国鹿嶋郡大洗磯前社、那珂郡酒列磯前社ニ帰リ鎮座テ、外国々々ノ事掌給ヒ、禁厭ノ術ト薬ノ方トヲ伝給ヒシ大名持神、少彦名神ニ柱ノ御前ヲ、慎ミ敬ヒ畏ミ畏ミモ遙ニ拝ミ奉ル。

とある。これらの神拝詞は『玉たすき』（神拝詞記の解説書）にも収められ、神々の詳細な解説が付けられているが、特に九之巻には『入学問答』と同様の記事を載せている。

次に水戸に関する記述をみよう。『入学問答』では、冒頭の古道についてふれた箇所に、

又この学風の起り候事は、東照宮の御神徳に依て、その御孫、水戸中納言光圀卿の、や、其糸口を御開きなされ候事にて、（中略）其頃には、唯々外国の学びを為る者のみ有て、皇朝の上古の事などをば、専と学び候者のこれなき事を、光圀卿ふかく慨み歎かせ給ひ、皇朝の学問を第一として、数多の学士を御招きなされ候て、有らゆる古書は本より、国々の神社仏閣、及び民間までを御尋なされ、古文書の類をば、少の物をも集めさせられ、其を明細に順考そ給ひ、

と述べ、さらに『大日本史』『礼儀類典』『釈万葉集』等についても言及している。

これらの事実は、照沼好文氏が指摘されているように篤胤が古学・古道の創始者として光圀を顕彰しているということであり、この考え方は幕末から明治にかけて外交官として活躍したアーネスト・サトウの『古神道の復活』に継承されているのである。(9)

五　鉄胤と常陸

鉄胤は義父篤胤の学問を祖述し、広めることに生涯を費やした。したがって、幕末の平田学は鉄胤の努力によって展開したといえるであろう。渡辺刀水氏によれば、少なくとも五回は房総地方に旅行し学問を広めたという。(10)初回は文政十一年秋であるが、この時鹿島を訪問している。木下・香取・佐原・竹来を経て高田神社・大杉神社(11)を参詣した後、鹿島の北条時鄰《ときちか》宅に到着したのは八月二十二日夕刻であった。翌二十三日には時鄰と和歌の贈答を行っている。「時鄰ぬし　鹿嶋のうみあら波立てる

しほさゐにき、分かねつたづのなく音を　とよみて出せりければ返し」として、

　鶴ならですゞめがともの八千ごとをあなかしまとや君きからすむ

と詠んでいる。二十四日、鹿島神宮を参詣し、諸宮も拝してさらに高天原や鬼塚をも見学した。二十五日、再び下総へ渡ろうとして、息栖神社を参拝した後、利根川を下った。以後、銚子近在での講説を繰り返しつつ平田学の扶植を図っていたが、江戸の気吹之舎に帰ったのは十月五日のことであった。

　次いで、文政十二年二月から三月にかけて、また同年六月に、そして天保元年十一月から十二月にかけて翌二年二月の下総行があるが、これらの旅に常陸国内が含まれているかどうか分らない。ただ、鉄胤の場合も下総が直接の目的であるから、篤胤と同様に考えてよいと思われる。

　ところで、鉄胤には水戸に関する書状が知られているので、概要を紹介してみよう。[12] 書状は、嘉永から慶応までの幕末動乱期のもので三十七通である。宛名は相馬の神職高玉安兄であり、安兄は門人であるとともに水戸にも学んだという。

　まず、嘉永六年七月二十七日付から引用しよう。「景山公上書明君一班抄も相届御悦之趣承知満足いたし候、扨料金壱分弐朱慥ニ落手いたし候」と述べた後に、

　龍の宮物語ハ先頃一寸一覧いたし候、常陸帯・筑波根颪ハいまた見不申候、誰か所持いたし居可申候間御かり可申候、龍宮も拙方ニハ所持無之候、新論ハ一覧いたし候、随分宜敷ものニ御座候、右ハ漢文活字本ニ而無点故甚読にくゝ御座候、其後右を片カナ交リニ説解いたし候雄飛論と申もの三冊、是も活字本ニ而御座候、下総人大江ノ三万騎と申人の訳説ニ而御座候、売物ニ有之、新

論ハ八匁程雄飛論ハ廿五六匁ニ御座候、先日頼まれて秋田などへ買下し申候。

と記している。ここにみえる書物はすべて水戸に関係するものであるが、当時の価格が知れて興味深い。特に『龍の宮物語』『常陸帯』『筑波根颪』等継嗣問題関連の著述がみえることは、二十年以上を経てもなお関心が抱かれていたことを示すであろう。また、さすがに、『新論』には特別な関心が持たれていたことが窺われる。

次いで、同年十一月十八日付にも関連事項がみえている。

先頃以来度々被仰下候常陸帯・つくばね颪やうやう写取候間今便差出申候、水戸様ものハ此節ハ羽ガ生て飛ぶやうニ御座候、実ニ有かたき世ノ中ニ相成申候、右ハとくニも差上度(後略)

ここにも水戸への関心の様が如実に表われているが、これが全国的な傾向だったのであろう。安政三年一月八日付には大地震のことがみえ、水戸の両田(藤田東湖・戸田忠太夫)の死を悼んでいる。

水府藤田戸田両士地震ニ而死亡被致候、実事ニ御座候、何ぞ由ある事歟、何も分り不申候、誠ニ死亡夥敷事故、嘆息之至ニ御座候。

以後、安政三年の書簡には「水老公御壮健之由ニ御座候」という趣旨がみえているから烈公斉昭の動静には絶えず気を配っていたものと思われる。

同年四月二十八日付には『大日本史』の件にふれているが、ここにも価格が記されている。

大日本史ハ壱帙ハ売本無之候、但し写本あれハあるべく候、全部百巻ニ而金七両弐分ニ御座候

安政の大獄や桜田門外の変に関しても、関与した人物名を報告する程の高い関心を払っているが、

やはり烈公斉昭に対しての関心は格別であった。万延元年九月十一日付には「水老公御逝去実事扨々恐入候義歎息之至ニ御座候」と哀悼の意を表している。

慶応二年一月三十日付では「中ニも水戸風の学、頼氏大橋氏等之学風尤も盛ニ御座候、惣而者勤皇の大道専ラニ行ハれ候事誠ニ以恐悦至極御同慶ニ奉存候」と記し、同年四月六日付には「水戸学ハ儒風也。然れ共なきニハ勝り申候。日本史国史略等之風儀也。逐日盛ニ相成申候」とみえているから、この辺りに鉄胤の水戸学観を窺うことができよう。「頼氏」は頼山陽、「大橋氏」は大橋訥庵を指すであろうが、勤皇においてこれらは共通するとし、また水戸学を「儒風」と指摘しているからである。これはいわば国学側からの水戸学観ということになろうが、「儒学」と明言しないところに当時の水戸学の性格の一端をみることができるように思われる。

おわりに

以上のように、平田篤胤と鉄胤と常陸の関係をみてくると、それは必ずしも他地域と比べて密接であるとはいえない。しかし、両者が常陸のごく一部ではあるものの実地に訪れ、その学問の浸透を意図したことが平田学の発展に寄与したことは間違いがないであろう。それは、常陸国一の宮である鹿島神宮の鎮座と常陸南部の鹿島神社人の入門によって窺い知ることができる。また、篤胤が望んだ水戸仕官は達せられなかったが、水戸に抱いた憧憬の念は著述に厳然として生きており、やがて世界に水戸の役割を紹介することにもなったのである。

これまで、常陸における平田学は研究史の盲点であった。今後はこの辺も着実に研究されるべきであろう。それは、平田学の展開に新たなる一面を提供することにもなるからである。

註

(1) 拙稿「水戸藩をめぐる小山田与清と平田篤胤の交遊」(『藝林』四十四—一、『水戸派国学の研究』収録)
(2) 『鹿島神宮並びに関係社家文書目録』(鹿島の文化財第六十三集)中の「立原家文書」に「平田篤胤原稿一枚」とみえていることも関連史料として指摘しておく。
(3) 以下の叙述は拙稿「水戸学と国学の関係——平田篤胤の水戸藩仕官運動をめぐって——」(『藝林』三十九—三、前掲拙著収録)を要約したものである。
(4) 『日本思想史の諸問題』所収「『気吹屋門人帳』小考——門人の年次別・国別分布を中心として——」付表を参照した。
(5) 『新修平田篤胤全集』別巻所収、以下に引用する篤胤の著書も同全集による。
(6) 清水正健『増補水戸の文籍』による。
(7) 拙編『新版　佐久良東雄歌集』所収「佐久良東雄略伝」及び同『「佐久良東雄伝」の研究』を参照されたい。
(8) 『水戸贈位諸賢略伝』による。
(9) 「異邦人の義公伝」『水戸史学』第三十五号所収による。
(10) 「房総と平田篤胤」『房総郷土研究』三—三所収による。
(11) 大杉神社には、篤胤(鉄胤の代筆)による地元の諸岡一富の頌徳碑が建てられている(天保十一年九月)。
(12) 山本定男「平田鉄胤書状に書かれた水戸」『茨城県史研究』第六十二号所収に紹介されている。

(現社・倫政部『部報』第三十号、平成五年)

第七章　松尾芭蕉『鹿嶋詣』の歴史学的考察

はじめに

松尾芭蕉の『鹿嶋詣』は短い紀行文として知られるが、鹿嶋行のルートについては未解決の部分があるように思われる。従来は『鹿嶋詣』の記述にそってそのルートが理解されてきた（根拠が提示されているわけではない）のであるが、本論では歴史学的観点からルートを考察し、合わせて関連する諸問題にも及んでみたいと思う。

まずは『鹿嶋詣』の伝本について概要を述べておこう。一般に伝本は、

甲　佐藤清一氏蔵『鹿嶋詣』（→秋瓜本）

乙　菊本直次郎氏旧蔵（天理図書館蔵）「かしま紀行」（→梅人本）

の二系統となる。甲本は潮来の本間家に伝来した系統のものであり、この本間家本が宝暦二年に松籟庵秋瓜によって『鹿嶋詣』として刊行された。いわゆる秋瓜本であり、最も早く世に出たものとなる。

乙本は鯉屋杉風伝来のもので寛政二年に梅人が「かしま紀行」と題して刊行し、いわゆる梅人本と呼ばれるものである。以下、ルートの考察の前提として『鹿嶋詣』の書名から検討してみよう。それは鹿島神宮に詣でることも目的の一つであったと考えるからである。

一 『鹿嶋詣』の書名について

秋瓜本系は『鹿嶋詣』と題されているが、「鹿島紀行」という書名でも伝えられており、現在では両方の書名が通用している。(1) 私は基本的にはどちらの使用でもよいと考えているが、一方では『鹿嶋詣』の書名には何らかの特別な意味が込められているのではないか、という思いを禁じ得ない。昭和六十一年一月四日付の『朝日新聞』社会面に、

芭蕉の紀行文「鹿島詣」真跡決定稿見つかる

との横見出しで、百七十年ぶりに優雅な筆致で記された芭蕉自筆本であることが確認された、との報道がみえる。(2) この本は茂原市の医師が所蔵していたもので、専修大学の阿部正美教授が今栄蔵氏（中央大教授）や森川昭氏（東京大助教授）らとともに真跡と判断したという。冒頭部分の写真も掲載されているが、そこには『鹿嶋詣』とみえる。そうすると、芭蕉は『鹿嶋詣』と題したとしてよい（ここでは島と嶋の別は問わない）。

ここで考えようとするのは、詣でる対象の鹿嶋とは何か、ということである。当然に誰しもが鹿嶋

が鹿島神宮を指すと思うであろうし、私もそう考えて差し支えないと思う。『鹿嶋詣』本文に鹿島神宮の記述はないが、末尾に「神前」での一句「此松の実ばへせし代や神の秋」が収められているから、神宮に詣でたことは明らかである。この紀行が「かしまの山の月」を見ることを目指し、そして参禅の師である仏頂和尚を訪ねることにあったことはいうまでもない。ここでは詣でる対象を根本寺に限定する必要がない、ということを確認しておこう。いったい、それは何を意味するのであろうか。

そこで、『おくのほそ道』（以下『ほそ道』と記す）の社寺参詣の記述に注目すると、例えば「室の八島に詣す」（室の八島）、「御山に詣拝す」（日光）、「八幡宮に詣」（黒羽）、「塩がまの明神に詣」（塩竈）、「瑞岩寺に詣」（松島）、「権現に詣」（羽黒）、「太田の神社に詣」（小松）、「永平寺を礼す」（天竜寺・永平寺）、「けいの明神に夜参す」（敦賀）などという表現を見出すことができる。永平寺を例外とすれば、すべて神社参詣の際に「参」や「詣」の文字を使っているのである。永平寺を例外というのは芭蕉が禅宗には特別な敬意を払っているからである。具体的にいうと、永平寺には「礼」の文字をあて、「道元禅師の御寺也」としていることである。『ほそ道』の旅では多くの寺を訪ねているが「御」の文字をあてたのは永平寺、「詣」の表現を採ったところは瑞岩（巌）寺のみで、ともに禅寺である。

また、『鹿嶋詣』の旅にも同行した曽良が『ほそ道』の旅日記（随行日記）を残していることは周知であるが、その旅日記中の近畿巡遊の記載には神社と仏閣に対する扱いが異なることが指摘されている。[3]すなわち神社の「拝」に対して仏閣は「見」であり、『ほそ道』の旅日記でも神社では「拝」「参詣」「詣」が圧倒的に多いというのである。このような状況から「神事・習俗に対する曽良の関心[4]」を窺うことができる。『ほそ道』自体にみえる曽良は必ずしもそうとはいえないが、芭蕉と曽良の記述の傾向に注目する時、『鹿嶋詣』という題に鹿島神宮への参詣の意を込めようとしたと解釈するのに無理はないであろうし、また両者に神道的性格をみることも可能ではないだろうか。

芭蕉のいわゆる紀行文の中で、書名がはっきりと芭蕉自らによって命名されているものは少なく、わずかに『ほそ道』と『鹿嶋詣』の二作にすぎないのである。『ほそ道』についてはよく知られているからここで取り上げるまでもあるまいが、以下には主題の『鹿嶋詣』について再度考えてみよう。考えるに当たって注目すべきは、ともに「紀行」と命名されていないことである。このことに言及されたのは上野洋三氏である。上野氏は次のように述べられている(5)。

五つの芭蕉の紀行文を通覧すると、芭蕉の命名が確実なものとその可能性があるものは『奥の細道』と『鹿嶋詣』の二編のみということが知られる。そして、両者が、いずれも、「紀行」などの漢語を含まないことが知られる。芭蕉は自分の文章に「―紀行」と命名しなかった。それがまず一つの問題点である。

すでにふれたように『鹿嶋詣』には甲乙二系統があるが、甲本とされる佐藤本が芭蕉自筆と伝えられてきたもので『芭蕉図録』に収められている。上野氏は、

芭蕉自筆とされる一本（『芭蕉図録』所収・佐藤本）の冒頭に「鹿島詣」とあるので、ふつうこれを題とするのは当然としても、この一本の筆蹟には真偽になお疑いを残すのである。門人杉風旧蔵の芭蕉自筆の別本（天理図書館本）には、その箱書（筆者不明）に「かしまの記」とあり、むしろこち

らを書名とすべしとする説もある。許六は『本朝文選』にこれを収めるに際して「紀行」の部に入れ、「鹿島ノ紀行」と題する。

と述べ、さらに、

> 許六は『本朝文選』に、『鹿島詣』を「鹿島ノ紀行」と題して収載したのであったが、そのとき発句の部に関しては、芭蕉と曽良の各一句を付け加え、他は除外した。これは全部を省くか、全部を収載するか、どちらかでなければ意味をなさない。その意味でも、許六の命名に根拠があるとは思われないのである。

とされる。[6] 確かに、許六が『本朝文選』(のちに『風俗文選』と改称)に収録した際に題を書き改めたのであろうと思われる。末尾に二句のみを記していることも不思議ではある。

ところで、先に述べた昭和六十一年に発見の自筆本との関連はどのように考えればよいのであろうか。遺憾ながら私には判断の材料がないけれども、現代の我々が考える紀行文の意識のようなものを芭蕉が持っていたとはいえないかもしれない。むしろ、紀行文ではなく俳文としてみるべきなのかもしれない。このようにみると、やはり上野氏の次の言及には頷けるものがあると思われる。[7]

> これらの事実の間から、垣間見られる芭蕉の姿勢は、自分の文章が、簡単に「紀行(記行)」に分類・編入されることに対する抵抗のかたちであろう。芭蕉はむしろ単純に、「文章」として読まれることを欲した。現実に体験した特定の日時・特定の場所に関する報告・記録として片附けられることに抵抗した。そのようなものは、即座に古びて行くことが目に見えているからであり、

そこからは、いつも新しい心を読みとってもらうことは、困難だからである。

これまで『鹿嶋詣』の書名に言及してきたが、一方では「かしまの記」の方がよいという主張もみられるので、次にこれを紹介したいと思う。それは井上敏幸氏「『かしまの記』の性格」である。(8) 井上氏は、

私は、『かしまの記』を論ずる場合には、まず貞享四年秋の時点における芭蕉の創作意識の流に添ったかたちでの作品の性格規定がなされねばならないと思う。つまり、貞享期の作品『甲子吟行画巻』『あつめ句』との関連の中で『かしまの記』の性格は考えられねばならないであろう。この小論において、『鹿島紀行』あるいは『鹿島詣』という通行の題名を用いず、あえて『かしまの記』という題名を選んだのもこうした考えに基づいてのことである。

と述べ、「かしまの記」の性格を考察されている。そこで、直接に関連する記述をあげてみよう。まず、「『かしまの記』は、上述したごとく西行・杜甫のイメージを基本的素材とし、そのうえに様々な「紀行の式」の試みがなされた作品であった」として、問題点を指摘されている。

その一つは初稿本（真蹟、佐藤清一氏蔵）・再稿本（秋瓜刊本等）にある「出山の尊像をづしにあがめ入テうしろに背負」の一文が、なぜ成稿本（真蹟、鯉屋伝来品天理図書館蔵）において削除されたかであり、また初稿・再稿本に「鹿島詣」と明記されていた題名が、なぜ成稿本において用いられなかったかの問題である。

「出山の尊像」の一文を持つ初稿・再稿はともに「鹿島詣」という題名を持っているが、この

文章と題名とはたがいに関連したものだったと思われる。「鹿島詣」を「鹿島神宮詣」と読んでは文章内容としっくりしない、むしろ「鹿島根本寺詣」というべきものであることは、芭蕉自身が一番よく知っていたであろう。……こうした仏法臭い西行のイメージを払拭すべく、芭蕉は「出山の尊像」の一文を削り、「鹿島詣」という題名をもさけたのではなかろうか。

さらに曽良の句「はなの秋草に喰ひあく野馬哉」が削除されたことに関しては、「単に宗波との句数をあわせるためだったのではなく、句の内容と花野の部分との重複、つまりは『西行和歌修行』の武蔵野の一段との重複をさけるためだったように思われる。」とし、

いま一つ『かしまの記』を成稿と考える理由は、『あつめ句』との関連である。内容の問題は後に触れるとして、表記の問題について一言すれば、『かしまの記』の推敲過程における特徴的現象として、推敲をかさねるに従って、作品全体の文字数に対する漢字数の割合が少なくなっていくことが指摘されているが、成稿における漢字数減の最大の理由は、『あつめ句』との表記上のバランスを保つためだったように思われる。ちなみに、『あつめ句』における作品全体の文字数に対する漢字数の割合は、約一六・〇パーセントであり、『かしまの記』のそれは約一五・四パーセントであった。

と述べられている。ここで『あつめ句』との関連を考察しているのは『かしまの記』が『あつめ句』と同じ装丁で「かしまの記一巻　あつめ句一巻　芭蕉翁筆」と箱書した箱に収められて鯉屋に伝来したものだからである。あるいは、このような視点も『鹿嶋詣』の考察には見逃すことのできないもの

かもしれない。ただ、先述した神道的性格からみれば、「『鹿島詣』を『鹿島神宮詣』と読んでは文章内容としっくりしない」には賛意を表しがたい。むしろ『鹿嶋詣』の目的の一つとして鹿島神宮詣でを加えるべきではないかと思う。

二 『鹿嶋詣』の行程

その一

次に本題を考察しよう。「門よりふねにのりて」芭蕉庵を出立してから「夜舟さしくだして、かしまにいたる」行程の実際は、どのようなものであったろうか。例えば次のような解説がある。(9)

まず芭蕉庵の門前から舟で出発、六間堀から小名木川を経て行徳に着き、ここから陸路八幡の里(市川市八幡町)をすぎ、鎌谷の原(千葉県東葛飾郡鎌ケ谷町)へ出、その日夕方利根川の沿岸布佐(千葉県我孫子町)へ、さらに約十一里の水上を夜舟で鹿島に着いた。鹿島へついたのは翌十五日であった。

寛文元年には中川船番所が設置されていたから一行が通過できたのは明六つ以後であったろうが、番所をへて船堀川から江戸川に出て行徳に至ったのである。ここには布佐から鹿嶋への道のりが約十一里と記すが、実際には明らかに十一里以上の距離となる。芭蕉一行は「夜舟」の旅であったのだから、まずは「夜舟」による行程を考えてみよう。山本忠良氏は「香取鹿嶋等参詣案記」(文政年間以後)

に木下《きおろし》から大舟津《おおふなつ》までの距離が十四里で運賃が百四十八文とみえること、(10) 川名登氏は宝暦十年の史料に「木下より鹿嶋え川道十五里」とあり、船賃が「茶船　八百文　八人乗」「小船　四百五拾文　四人乗」とみえることをそれぞれ紹介されている。(11)

芭蕉の時代からは八十年ほど後の安永年間になるが、木下からの出船数は一日約十二艘に及んでいるという。江戸の後半には三社詣が盛んになったから多少は割り引かねばならないかもしれないが、一般に江戸からの旅人が木下に着くのは暮七つ過ぎから五つ頃だったので、おおよそ芭蕉一行もこの時間帯に着いたと考えられる。ただ、従来は『鹿嶋詣』に「ふさといふ所につく」とあるところから乗船場を布佐と考えてきたにすぎない。布佐に着いたという記述のみでは実際に布佐から乗船したかどうかが不明なのである。後述するが、井上氏のように対岸の布川から乗船したのではないか、との主張もあるから、さらに検討が加えられねばならない。

ところで、延宝五年に鹿島郡溝口村の弥兵衛が木下から乗り、三十両を奪われて殺される事件があったが、この頃は木下河岸が発着場だった。翌六年に茶船の運行が始まったというから、以後この船の利用が進んだと考えてよい。鹿島神宮の大宮司則直が延宝七年正月に江戸へ行っているが、その帰途のことが『大宮司日記』(12) に記されている。やはり茶船を利用したのであろう。

十九日の晩暮候て木下へ参着其夜五つ過ニ出船

廿日四つ時ニ大舟津へ着船

延宝七年といえば芭蕉の八年前に当たるが、この前年の江戸行に続いて木下からの乗船であったことが知られる。五つから翌日の四つというと、半日くらいは船に乗っていたことになる。真冬の旅でさぞや難儀のことであろうと思われる。茶船は屋根付きで八人乗りだから、当然相乗りだったことになる。小船なら四人乗りで、さらに大変な船の旅だったに相違あるまい。おそらく芭蕉も同様であったと考えてよいが、芭蕉は秋だから寒さは特に問題なかったであろう。いずれにしても、このような状況のうちに芭蕉一行は鹿嶋にやってきたのである。

その二

芭蕉の門人である天野桃隣は、師亡き後の元禄九年三月追善の旅に出た。その記録が『陸奥衢』五巻である。まず、桃隣は『鹿嶋詣』の行程をたどり、そして『ほそ道』の旅程をたどった。旅は四ヶ月に及んだ。鹿嶋への道順は次の通りである。[13]

江戸より行徳まで川船、木下へ着。爰より夜船にて板久へ上り、一里行て十丁の舟渡。鹿島の華表、海辺に建。神前まで二十四丁。

桃隣の旅は芭蕉没後二年で『鹿嶋詣』の九年後、鹿島大宮司則直の江戸行は『鹿嶋詣』の八年前となる。特に桃隣の場合は、師追善の思いを込めた旅であるからなおさらではあるまいか。赤羽氏は「一般の鹿島への客は、木下で乗船するのを常とした。芭蕉がなぜ木下でなく布佐へ行ったかは不明である。[14]」と述べられているが、私は布佐行そのものが虚構ではないかと考える。文中の「華表」は鳥居のことで、ここでは大船津にあった一の鳥居をさす。また「神前まで二十四丁」とみえるが、後世の『風俗文選通釈』には「磯辺より御社まで十余町」とある。

桃隣よりさらに降って享保元年、亜靖の『鹿島紀行』に、[15]

> 木下シにいたる。是より又船に乗て鹿島まで八十余(里)程くだり也。夜船さし下す。二千里の外故人の心と打読行ば、また筑波の峯ありくと隈なき月に曜ク。山ハ筑波水も名高し利根の月

と記されている。やはり、木下から鹿嶋への船旅であった[16]。

なお、布袋庵柳几に関する赤羽氏の左の解説にも注目してよいであろう。

> 根本寺で芭蕉が宿った坊は、柳几の『つくば紀行』(明和頃か)に「かの蕉翁月見の別院は北寺といふ。今は堂守の住《すみ》荒して猶《なほ》哀ふかし」と見える。柳几は、このあと、木おろしに上り、鎌ケ谷を経て行徳に至り、舟に乗って両国橋につき、近くの松籟庵(秋瓜亭)に入っている。秋瓜は、本間家の『鹿島詣』を刊行した人だから、柳几の『鹿島詣』への関心は、秋瓜の影響を受けたものと思われる。従って柳几の記述は事実を探訪した結果と思われ、注目すべきである。

柳几も木下に着いたのであるが、当時の交通事情からすれば当然のことであったし、また芭蕉の行程をたどって帰ったのも当然のことであろう。

そこで行程をたどるのに必要な地名を確認してみると、行徳・矢幡・鎌ケ谷原・筑波山・布佐・利根川・鹿嶋・根本寺・神前・自準亭の十箇所となる。このうち筑波山は直接の関係はなく、遠景を見るのみである。神前が鹿島神宮を意味することはいうまでもない。自準亭は地名ではないが、「帰路自準に宿ス」の詞書きから設定したものであり、重要な場所であることに変わりはない。

その三

すでに述べたように従来は「日既に暮かゝるほどに、利根川のほとり、ふさといふ所につく」との『鹿嶋詣』の記述によって芭蕉一行は布佐から乗船して鹿嶋へやってきたと解釈してきたが、これに疑問を呈したのは井上敏幸氏だった。[17] 井上氏は「布佐から鹿島への便船があったかどうかははなはだ疑わしい」とし、『東遊行嚢抄』巻十八の記載によって対岸の布川から鹿嶋への「下船」の存在を提示して布川から鹿嶋へ行ったのではないかとされた。ただ、井上氏は布佐から布川への渡船の事実は確認していないから、あくまでも推定ということにならざるを得ない。また、註記には資料はないけれども杉風の手配で布佐から特別仕立ての舟に拠ったかもしれないとされる。後者は全く問題になるまいが、前者でも推定ならば布川ではなく木下も可能となろう。以下、木下説を検討しよう。

山本氏によると、寛永年間(八・十・十九年)布川・木下間において「夜中に舟こし申間敷事」となったことがあるが、これは渡船の存在を示すであろう(布川の関所は寛永十九年に廃止されたというが、ここでは渡船が確認できればよい)。元禄二年に幕府が河岸吟味を行った際、利根川筋では布川・木下・安食(これらを旧河岸という)などは対象となっているが布佐は含まれておらず、明和八年の吟味の際に布佐は新河岸として成立したという。[18] そして、安永四年に十八河岸問屋仲間が結成された折の連判に木下のみが記されている。以上は年代が必ずしも芭蕉の時代と一致する訳ではないから状況証拠にすぎないが、井上氏の疑問に加勢するものとはなろう。しかし、布川説の荷担とはなりえない。

榎本正三氏によれば布川・木下間が、また『布川案内記』によれば布佐・布川間が舟渡しで結ばれていたという[19]。ただ『布川案内記』は赤松宗旦の著述で幕末のものであるから、百五十年前を窺うには慎重でなければなるまい。

特に榎本氏の著書で注目すべきは、芭蕉がたどった布佐までの道順を考察していることである。氏は「鎌ヶ谷を通った芭蕉は江戸道正常コースの白井宿経由の道を通ることになり、大森宿から木下河岸に出るのが順当であるのに何故か布佐の網代場に出て、そこから船に乗り利根川を下っている[20]」と述べ、布佐への道順を考察されている。それは道標・庚申塔・道祖神等の存在から白井・石尊様・勢々塚木戸・白幡庚申・浦部・亀成・発作・布佐河岸という道筋を示すものである。芭蕉は布佐に着いたと記しているのだから通った可能性はあるかもしれない。ただ、布佐に着いたからといって、そこから乗船したかどうかは分からないのである。

したがって、このような状況をみると木下説に有利であろう。さらに『鹿嶋詣』以前の常陸行（行く先が鹿嶋か潮来かは問わない）の際にはどこから乗船したのであろうか。この場合も大宮司則直の江戸行は大いに参考となるはずである。おそらく『鹿嶋詣』以前も、直接に木下から乗船したのではあるまいか。『鹿嶋詣』の際は網代場への関心から布佐へ行き、そこから夜鹿嶋へ下ったと解するのが常である。しかし、私は布佐行が虚構であり、実際は木下から乗船したということを考慮に入れるべきではないかと思う。布佐から木下へ移動したとすれば、距離はわずかだが河口（手賀川と利根川との合流地点）の横断という問題が残るからでもある。

その四

これまでに、芭蕉の鹿嶋行当時、一般的乗船場が木下であったことに言及してきた。ここでは井上氏の見解を年代的にもう一度確認してみよう。(21)

1、延宝五年（一六七七）の『時春聴書』では、隅田川から出発して平井・小岩・八幡・かまがい・白井・手賀浦を経て木下に至り、香取参拝の後鹿嶋に着いている。

2、貞享三年（一六八六）の『日本行脚文集』では、行徳・白井・大森を経て木下から「なみにゆられて「常陸の湖水にながれこし」、鹿嶋の大船津に上がっている。

3、正徳四年（一七一四）の『香取・息栖・鹿島・筑波・日光の道程記』の記載はかなり詳細である。「江戸より行徳へ三里船路也。小あミ町三町め行徳かしより乗合壱人弐拾五文づつ、かり切一艘弐百五拾二文、凡十人程乗る。朝明六つ乗出す。中川の御番所を通る故也。夜あけねば通る事ならず。いつにても船有。然て明六つ時をよしとす。」その後、行徳からやわた・かまがい・白井・大森・木下に至る。「木おろしよりかしまへ凡船路十一里。此所にて船を借る船賃之覚。香取・息栖・鹿島、此三社へ参詣し、帰路木おろしへ上る代、一貫三百文。鹿島参詣ばかりにて木おろしへ帰り上る代八百文。尤一艘に八人乗きうくつにてあしし、六人ほど乗つもりよし。木おろしにて一昼夜の食用の事船頭へ云付べし。風あらきか向風ならば、滞留幾日もすべし。入海ことの外悪敷よし随分念を入てよし。」

4、享保二十年（一七三五）の『鹿島之紀行』でもやはり大川から小名木川へ入り、行徳・八幡・釜ケ谷・白井・大森、そして木下に至るのである。「村（大森）を離れ山の腰を廻れば、向に木下の町見えけり。わづかに半道に足るべくも覚へず。申の刻に問屋に着て、しばらく足を休るうち、亭主を呼出し、参宮の様を聞に、此前にボウテウとて三人乗りの小舟有り、五人に及しは大茶舟御用意あるべし」

以上の四例をみると、すべて木下経由となる。特に、芭蕉の鹿嶋詣の前年となる『日本行脚文集』の場合は注目してよいと思う[22]。

私はこれらに加えて、さらに一例を追加したいと思う。それは水戸藩に仕えた安藤抱琴と年山の父である安藤朴翁の『ひたち帯』である。『ひたち帯』は元禄十年の京都から常陸（水戸・大田）までの紀行文であるが、年代的には井上氏の事例2と3の間に位置することになる。江戸からの道のりに注目してみよう。朴翁は小石川から出立して隅田川をへて行徳から鎌谷、八幡を過ぎて白井に宿し、翌四月五日木下より乗船した。その後、津宮に泊まり、息栖から水戸へ向かうのである[23]。

いずれにしても、大宮司則直の場合も含めてすべて木下経由であるから『鹿嶋詣』はよほど特別なことと考えてよい。これをふまえると、対岸の布川からの乗船を想定された井上説の着目はすぐれているが、布川からの鹿嶋行は可能としてもその前に利根川横断という難題を抱えることとなる。しかも夜分に、である。ただ、布川からの乗船を想定しても、木下からの鹿嶋行とは比較の対象にはならないであろう。行徳から北総台地を横切って、さらに利根川を渡河して布川から乗船する合理的な理由を見つけ出すことは極めて困難といわなければならないからである。

ここで一つの疑問を提示せざるを得ない。それは井上氏が『鹿嶋詣』以前（以後もあるが）の木下経由の存在を示しながらも芭蕉の場合には適用されなかったことである。その理由は『鹿嶋詣』の叙述を史的事実としてそのまま認めたからである。しかし、前述したとおり『鹿嶋詣』はあくまでも文学作品として読まれるべきなのではなかろうか。なお、先に引用した赤羽氏の場合も同様といえる。

そこで、私は虚構説を採るのである。すなわち、網代場への関心から布佐行を叙述したのではないか、ということである。しかも、当時の状況からしてそれが特別な行程であり、文学性に富むからであろう。後にもふれる通り、虚構がみられるからこそ文学的価値があるということになろう。虚構の存在は、例えば『ほそ道』の飯塚・最上川・出雲崎の条などでも十分に証明されるからである。[24]

三　果たして芭蕉『鹿嶋詣』は鹿嶋行の初回か

芭蕉が鹿嶋に月見にやってきたのは貞享四年のことである。それは『鹿嶋詣』によって明らかであるが、日時についてはかつて八月十六・七日のころであろうという説があった。すなわち、橋口功氏が大正十二年に唱えた説である。[25] 橋口氏は『続虚栗《ぞくみなしぐり》』に入集の、

名月や池をめぐりて夜もすがら

という句が貞享四年の八月十五日の作であるから、この日鹿嶋にいるはずはないとし、芭蕉庵で月見

をしてから鹿嶋に向かったとされたのである。今日この説は否定され、句は前年の作とされている。したがって、貞享四年八月十五日に鹿嶋にいたことに関しては何の問題もなく、

月はやしこずゑはあめを持ながら

寺にねて誠がほなる月見哉

が、この時の作であることは断じてよいであろう。

ただ、果たして芭蕉にとってこの鹿嶋行が初めてであったのかどうか、については若干の疑問がある。一般的には仏頂や本間自準との関係から必ずしも初めてではないであろうとされているが、その根拠は示されていないに等しい。そこで、私はその根拠を一つ提示してみようと思う。

常陸へまかりける時船中にて

あけぼのや廿七夜も三日の月

右の句は元禄九年刊行の『芭蕉庵小文庫』にみえるが、問題は詞書である。「常陸へまかりける時」という際の常陸は常陸国内のいずれかの地でなければならない。そうでなければ意味をなさないであろう。具体的には鹿嶋か潮来かであれば、十分に船旅が想定できるからである。しかも、それは「夜舟」とみることができよう。これが事実とすると、果たしていつのことなのか。

この句は『松尾芭蕉集』（小学館）貞享三年の項に収録されているが（『あつめ句』秋の部に詞書とともにみえる）、初句が「あけゆくや」となっている。ただ、詞書に「いさゝかなる処にたびだちて、ふねのうちに一夜を明して、暁の空苫よりかしら指出て」とあるから常陸には限定できないのである。し

かし「ふねのうちに一夜を明して」というのは『鹿嶋詣』の例があるから常陸といえないこともない。芭蕉庵から出て「夜舟」を利用する地は限定できるであろうし、少なくとも『芭蕉庵小文庫』を編集した中村史邦《ふみくに》には常陸への船旅という認識が存在したわけである。この句が貞享四年三月に刊行の『孤松《ひとつまつ》』に収められているところからすれば『鹿嶋詣』よりは以前の作ということになる。そうすれば、『鹿嶋詣』以前の常陸行をあながち否定はできないであろう。しかも「ふねのうちに一夜を」からすれば鹿嶋（途中の潮来を含む鹿行地方の意で使用する。以下同じ）の地に限定することが可能であり、その時期は「三日の月」だから当然八月十五日ではない。前年の句と合わせてみると、貞享四年の中秋もどこかで月見を計画したはずなのである。そして、それが鹿嶋だったわけである。かくして、私は芭蕉が少なくとも二度鹿嶋を訪れているのではないかと推論する。

ところで、井川水軒氏は、(26)

鮎の子の白魚送る別れかな

という句を紹介しているが、その前書きに「常陸下向に江戸を出つ時送りの人に」とみえるという。そこで、この句を『松尾芭蕉集』で確認してみると、前書きは同じで「鮎の子のしら魚送る別哉」とあり、『続猿蓑』『伊達衣』『泊船集』『蕉翁句集草稿』『蕉翁句集』を出典とし、さらに『知足筆書留切』から、

若鮎に白魚つるゝ別かな

も掲載されている。この句の収録は、元禄二年の項であるから『ほそ道』の旅の年である。収録は原則として年代順というから、元禄二年の作との判断である。そうすると、前書きとの関連はどうなる

のであろうか。もし、作年代も前書きも正確とすると、「鮎の子」の季節は春だから『ほそ道』の旅の直前に常陸に来たことになるが、果たしてそうなのであろうか。

解説では「この句は鮎の子を見送りの人びとに、白魚を自分にたとえて、白魚の時節が過ぎ、鮎の子の時期に入るという季節の移り変りを踏まえ、見送りの人びとに挨拶した。句作は、奥羽旅行出立（元禄二・三・二七）の折で、あるいは千住での作か。『続猿蓑』には「旅之部」に「留別」二句の中の一句として掲出。「若鮎に」の句も、若鮎（見送りの人びと）が白魚（自分）に連れ立ってここまで送ってきたが、いよいよここで別れであることだ、の意である。」とする。

さらに、次の句「行春や」の頭注には、次のような言及がある。

土芳の『蕉翁句集草稿』に474「鮎の子のしら魚送る別哉」を掲げ、その註記に「此句、松島旅立の比、送りける人に云出侍れども、位あしく、仕へ侍ると、直に聞えし句也」とあること、下里知足真蹟断簡に「奥州餞／行春や鳥は啼魚は目になみだ　蕉、とすべきものをと口おしがり申候」とあることによっても、実際の留別句でないことは明らかで、おそらく『おくのほそ道』を書き進んで結びの句577「蛤のふたみに別行秋ぞ」と呼応させるために作ったものと察せられ、したがって『おくのほそ道』の成立時期から考え、元禄五、六年頃の作と判断した（中略）。ただ、『おくのほそ道』の句は、読者の便宜を考え、仮に元禄二年の部に掲出した。

ここの解説や頭注では前書きについて一切ふれられていない。自明のこととして切り捨てたのだろうか。先の前書きは『伊達衣』のものである。『伊達衣』は等躬が元禄十二年に刊行しているから、芭蕉没後のこととなる。等躬といえば『ほそ道』須賀川の条にもみえる門人であるから、そう易々と無視してよいものであろうか。

いま仮に前書きにそって考えれば、いうまでもなくこの鹿嶋行（必ずしも限定できる訳ではないけれども）は貞享四年ではない。貞享四年は秋だったからである。井川氏は芭蕉の江戸在住の春は元禄五・六・七年であるが、これではあまりに年代が下がりすぎるので貞享三年以前ではないかとし、さらに貞享三年ではないかと限定されるのである。(27)

もとより、全面的な賛成はむずかしいであろうが、検討の余地は十分にありそうである。少なくとも、貞享四年以外の鹿嶋行は認められてよいのではあるまいか。そうすると、その場合はどこから乗船したのであろうか。

四　『鹿嶋詣』の構想

『鹿嶋詣』が鹿嶋までの紀行文であることは改めていうまでもないが、その道筋は芭蕉庵から行徳・矢幡・鎌ケ谷・布佐を経、さらに利根川を「夜舟」で下って鹿嶋に至るものである。そして最後の部分が月見の叙述となる。この月見は根本寺で行われたのであるから「かしまの山の月見ん」というのは鹿島神宮の月ではなかったわけである。

先に『鹿嶋詣』の詣でる対象を根本寺に限定しなくてもよいことを述べた。確かに月見は根本寺であったが、何故に鹿島神宮の記述がみえないのであろうか。「鹿嶋神宮詣」も考慮すれば神宮の記述が本文に挿入されていてもよさそうではないか、と思われるからである。ところが、実際は鹿嶋に到着すると、最終部分に入り根本寺の記述となるのである。しかも、記述は月見で終了して、帰りの記述には及ばないのである。一般に、紀行文が目的地に達して、そこで終了しても特に不思議はないであろうが、注目されるのは本文のあとにみえる一連の句である。私は、これらの句群が帰路の叙述の代替なのではないか、と考えるのである（往路の作か復路の作かは問う必要がないであろう）。以下、これを略述しよう。

いま、和尚の一首はおくとして、芭蕉(桃青)の、

　月はやし梢は雨を持ながら

　寺に寝てまこと顔なる月見哉

の二句と曽良及び宗波の句、都合四句が月見の際の詠であることは明らかであろう。その次に「神前」の題詞で詠まれた、

　此松の実ばへせし代や神の秋

をはじめ宗波と曽良の句がみえるが、注目してよいのはこれ以後の句に題詞が付されていることである。「神前」の句があるところから、本文に参詣の叙述

2007年(平成19年)12月4日　火曜日

芭蕉の鹿島入り

「乗船は木下河岸」

梶山孝夫さん、講演で新説

鹿嶋

『茨城新聞』平成19年12月4日の記事

がみえなくとも神宮に詣でたことは明らかとなるのである。それでは、何故に神宮の記述がみえないのであろうか。結論からいえば記述が必要ではなかったからということになるが、元来の目的が月見にあったことを思えば根本寺が中心とならざるを得ないのも事実である。参詣を記述すれば、その分月見のモチーフが焦点としては薄れるし、文章に二つのヤマが生ずるからではなかろうか。

さて、秋瓜本では「神前」の次は「田家」であるが、さらにその次の「野」は鎌ケ谷などの北総台地であろうから、「田家」はその前ということになる。そうすれば、潮来あたりから利根川の流域で田野の風情を醸すところが当てはまることとなろう。今日、潮来市大洲に、

　かりかけし田づらのつるや里の秋

という句碑が建てられているのも同様の解釈によるものといえる。

その次の「野」の三句は萩といい、野馬(駒)といい、本文の記述と符合するから前述の通りであって問題はないであろう。最後の自準宅での付け合いの句は道順からすると必ずしも潮来ということはできない。そうすると、加藤定彦氏の説に従って行徳あたりとすべきであろう(28)。加藤氏は自準が小西似春のことであって、潮来の本間道悦ではないとされているからである。

このようにみてくると、『風俗文選』に収録の『鹿島紀行』に二句しかみえないのは、単に月見の最初の二句を掲載したにすぎないといえるかもしれない。芭蕉は二句詠んでいるから一句めを採ったということになろう。

『鹿嶋詣』が後年の『更科紀行』と類似していることはよく知られているが、それは月見というモ

チーフに止まらず叙述や文章構成の類似にもみられる。ここでは『更科紀行』との直接の関係ではなく、その原点としての役割を考えてみたいと思う。そこで『鹿嶋詣』の一節を掲げよう。

日既に暮かゝるほどに、利根川のほとり、ふさといふ所につく。此川にて、鮭の網代といふものをたくみて、武江の市にひさぐもの有。よひのほど、其漁家に入てやすらふ。よるのやど、なまぐさし。月くまなくはれけるまゝに、夜舟さしくだして、かしまにいたる。

ここでは圏点を付した時間的経過に注目しよう。「暮」「よひ」「よる」「夜舟」と夕方から夜にかけての経過が明確であるが、これに続く次の部分との関連が問題なのである。

ひるよりあめしきりにふりて、月見るべくもあらず。ふもとに、根本寺のさきの和尚、今は世をのがれて、此所におはしけるといふを聞て、尋入てふしぬ。

前段で夜までの経過が知られたのであるが、その後は突如として「ひる」が登場し「ふしぬ」という状況にいたるのである。朝の叙述が省略され、さらに次の段で「あかつきのそら」と続き、はじめて朝の様子が知られることとなる。実は、私はそこに『鹿嶋詣』の構想の一端を窺うことができるのではないか、と思う。

そういえば、芭蕉庵からの旅立ちの際の叙述は「門よりふねにのりて、行徳といふところにいたる」とあるのみで、朝の記述や朝の文字そのものの記述もないのである。これは、いったいどうしたわけなのであろうか。

そこで、以下の井上氏の指摘に注目してみよう。[29]『鹿嶋詣』は「暁迄の旅が、順序よく具体的にしるされている」が「少しく視点をずらして見てみれば」「二日間と第三日目の暁に及ぶ旅が、一夜しか寝ていない。まるで一泊のみの旅であったかのごとくに記されていることに気付かされる」として、夜舟で一睡もできなかったために、根本寺に入るやいなや寝てしまったという風に読めるわけで、読者はあたかも芭蕉等が二日目になって、やっと寝たことが納得できる叙述となっている。

とされ、

つまり、この『かしまの記』の文章は事実に即した三日間におよぶ旅の記述であったにもかかわらず、まるで一日一泊と次の暁方のみが記されているかのごとき錯覚を与えるものであったことに気付かされるのである。

と結論されているのである。時の叙述からすれば『鹿嶋詣』は誠に不思議な作品であるということになる。その叙述形態が、さらに『更科紀行』に受け継がれていくのである。

以上のようにみてくると、時間的経過のファジー（虚構といってもよい）性が『鹿嶋詣』の文学的価値を一段と高からしめているように思われる。しかも、それが小品ゆえの最大の効果を秘めた作品となっている理由といえよう。

おわりに

『鹿嶋詣』の目的の一つは根本寺の仏頂禅師を訪ねることだった。禅師が芭蕉の参禅の師であったからである。禅師は当時すでに住職を弟子に譲っており、隠居所である長興庵にいたという。

高木氏が紹介される史料「根本寺向山之事」に次のような一節がある。[30]

右向山者、自往古為根本禅寺境内、故伽藍修造之節者於彼山林材木等伐採之被相調於寺用已年久矣、先年大宮司塙則敦任我意、雖掠奪于此地（後略）

この文書は、神宮側が向山の地を掠奪したことに対してその不備を認めた侘び証文ともいうべきものであるが、当禰宜東主膳と惣大行事鹿島甚五左衛門の連名による貞享四年次丁卯十月四日付の根本寺宛である。いうまでもなく、貞享四年は『鹿嶋詣』の年である。月見が八月十五日だから、二ヶ月も経たないうちに根本寺の三十年来の懸案が解決したことになるのである。当然そこには何らかの関連事情が秘められているのではないか、との推測が生じる余地がある。[31]

いずれにしても、芭蕉の『鹿嶋詣』は文学上にとどまらず歴史的現実の中で捉えれば新たな観点も見出されるように思われる。

註

（1）『鹿嶋詣』の注釈と解説では米谷巌『芭蕉講座』第五巻（有精堂）と赤羽学『芭蕉紀行集Ⅰ　改版野ざらし紀行・鹿島詣』（明玄書房）所収を参照した。

（2）大久保錦一「芭蕉の『鹿島紀行』とその問題点」『鹿嶋史叢』第十九号所載。

（3）上野洋三『芭蕉論』（筑摩書房）。

（4）同右。

(5) 『芭蕉、旅へ』岩波新書。
(6) 同右。
(7) 同右。
(8) 井上敏幸『貞享期芭蕉論考』(臨川書店)。
(9) 『芭蕉紀行文集』岩波文庫。
(10) 山本忠良『利根川と木下河岸』(崙書房)。
(11) 川名登『河岸に生きる人びと』(平凡社)。
(12) 茨城県立歴史館寄託の鹿島則幸家文書。
(13) 赤羽『改版野ざらし紀行・鹿島詣』。『俳諧名著文庫』七収録本では若干文字に異同がある。
(14) 赤羽『改版野ざらし紀行・鹿島詣』。
(15) 米谷『芭蕉講座』第五巻。
(16) 赤羽『改版野ざらし紀行・鹿島詣』。
(17) 井上『貞享期芭蕉論考』。
(18) 山本『利根川と木下河岸』、川名『河岸に生きる人びと』収録の元禄河岸一覧表でも同様である。
(19) 『河岸の人々の暮し』金石文が語る利根川物語Ⅰ(崙書房)。
(20) 同右。
(21) 以下、井上『貞享期芭蕉論考』による。
(22) ふるさと文庫別冊4『ひたち帯――元禄常陸紀行』(筑波書林)及び口丹波史談会『ひたち帯』。
(23) 『図説鹿嶋の歴史 中世・近世編』(鹿嶋市文化スポーツ振興事業団)。
(24) 櫻井武次郎『奥の細道の研究』(和泉書院)、時野谷滋『芭蕉・鷗外・漱石』(近代文芸社)。
(25) 『芭蕉研究』(文献書院)。
(26) 「鹿島紀行の考察――芭蕉と常陸――」(『郷土文化』第十三号、昭和四十三年)。

(27) 同右。
(28) 「小西似春の研究」(『文芸と批評』第三巻第四号、昭和四十五年)、赤羽学氏も『改版野ざらし紀行・鹿島詣』で賛意を表明されている。
(29) 井上『貞享期芭蕉論考』。
(30) 「仏頂禅師1」『連歌俳諧研究』第十八号所載、茨城県立歴史館寄託の鹿島則幸家文書や『惣大行事日記』にも関連の史料がみえる。
(31) 高橋庄次『芭蕉伝記新考』(春秋社)によれば、鹿嶋行の際に芭蕉一行が用いた檜木笠は甲斐の人から贈られたもので、当時甲斐国谷村《やむら》藩の国家老の高山伝右衛門は芭蕉の門人でもあり、藩の下屋敷と臨川庵は同じ深川大工町にあったから交遊が存在したのではないかとされ、『鹿嶋詣』にみえる甲斐の国の「ある人」は高山伝右衛門に違いないとのことである。さらに、この時谷藩主秋元氏は寺社奉行から若年寄に転任しており、その実父の戸田氏は老中を務めていたから、何らかの影響があったのではないか、とされるのである。当時の秋元氏では摂津守喬知が該当し、貞享三年十一月二十九日から翌年十月十六日まで寺社奉行に在職しており、元禄十二年まで若年寄であった。実父戸田忠昌は貞享三年十一月十五日から元禄十二年まで老中職にあった。そうすると、確かに貞享四年十月の時点では秋元氏は寺社奉行であり、実父が老中であったから、「仏頂　→　芭蕉　→　高山伝右衛門　→　秋元氏(戸田氏)」という関係図式が成立する。

(『皇學館論叢』第四十三巻第二号、平成二十二年)

あとがき

中学一年の遠足で初めて鹿島神宮を訪れた。鬱蒼たる森の中を歩いたことは今でも記憶に残っているが、それから十三年経って縁あり鹿島に赴任することになった。神宮の隣接地に立地する新設校の教員としてである。数年後には生徒たちとともに神宮境内の石碑の拓本をとったり、学校の敷地には縄文期の住居跡があったので住居の復原を試みたりした。住居復原では鹿島町教育委員会（後に市制施行で鹿嶋市）の方々にご指導を仰いだが、完成した住居は文化祭で公開した。教育委員会の方々との知遇を得たこともあって文化財保護審議会の委員を命ぜられ、また文化スポーツ振興事業団が設立された際には評議員にも推された。市制施行以後も文化財保護審議会の委員に任命され退職まで継続した。また市制十周年記念として『鹿嶋市史・地誌編』が編纂されることになった時には編纂委員会の専門委員を命ぜられ、鹿島神宮の項目を担当した。

鹿島に赴任した時、卒論以来のテーマである水戸の国学に加えて、関連研究として三つの目標を立てた。一は鹿島神宮そのもの、二は鹿島を訪れた松尾芭蕉、三は神宮で還俗し、桜木を奉納した佐久良東雄についてである。これらの関心研究は並行したものであったが、最初に成就したのは『新版佐久良東雄歌集』である。この歌集は水戸史学会発行で錦正社（東京）より発売されたが、佐久良東雄先生顕彰会が発足した際には請われて理事に就任した。顕彰会の機関誌『さくら』には数回寄稿した。

鹿島神宮に関しては神宮関係文書の調査（代表は茨城大学名誉教授宮田俊彦先生）に加わったことが私の関連知識を増大させた。とりわけ春の祭頭祭は奇祭として知られていたが、その起源に関して考察し旧説を改めることができた。本書に収めた小論はその要約であるが、他に『鹿嶋史叢』に発表したり、また私家版『祭頭祭・その起源と実際』として刊行した。

芭蕉に関しては『鹿嶋詣』の道順を実地にたどって考察を進める一方で関連史料の発掘に努めた。その結果『大宮司日記』に同時期の状況が推定できる記述を見つけることができた。それによってまとめたものが収録の一文であるが、元来は私家版として作成した冊子『茨城の芭蕉』に紹介したものである。この冊子は勤務校で行った父母向けの公開講座のテキストとして作成したのであるが、この内容は後に地元のラジオ局FMかしまにおいて十三回にわたって放送する機会を得た。その放送を基に増補して『定本茨城の芭蕉』を刊行した。

祭頭祭と芭蕉に関しては『鹿嶋市史・地誌編』にも記述したが、研究会における発表では地元紙に紹介されたこともあった。

冒頭の二論は鹿島神宮と義公光圀を中心としたものであるが、神宮と水戸との関係の深さを窺うことができよう。藩祖頼房や光圀から斉昭をへて幕末に至るまで、しかも政治状況も含めてのことであるが、『図説鹿嶋の歴史』（鹿嶋市文化スポーツ振興事業団）にも若干の記述を収めた。また、光圀の神宮参詣については関連の一文を『義公漫筆』（錦正社叢書）に収めているのでご参照いただければ幸いである。

さらに、鎌足鹿嶋出生説と平田篤胤・鉄胤父子に関する小論を収めたが、前者は鎌足神社の文化財指定をめぐる論議の際に提出したレポートであり、後者はかつての居住地（通勤路も含む）との関連によって着想を得たものである。

なお、斉昭の崇敬に関しては拙著『水戸派国学の研究』に収めた一論（第五編第三章）をもご参照願いたい。また、本書に収録の小論には冒頭に要旨を付したものもあるが、紙幅の都合もあり省略した。

このような小著ではあっても鹿島神宮、鹿嶋市教育委員会、水戸史学会はじめ関係各機関にお世話になった。改めて御礼申し上げるとともに錦正社叢書の一冊に加えていただいた中藤正道社長ほか同社の方々に深謝の意を表したい。併せて前著に引き続き校正の労を執られた水戸史学会理事の渡邉拓也氏に末筆ながら感謝の誠を捧げる。

令和五年九月

著者記す

著者略歴

梶《かじ》山《やま》孝《たか》夫《お》

昭和 26 年　茨城県生
大学卒業後茨城県内の私立学校に奉職、平成 24 年 3 月退職
現在　水戸史学会理事
　　　温故学会顧問
　　　博士（文学）

主要著書
新版佐久良東雄歌集（錦正社）
水戸の國學──吉田活堂を中心として──（錦正社）
水戸派国学の研究（臨川書店）
大日本史と扶桑拾葉集（錦正社）
現代水戸学論批判（錦正社）
大日本史の史眼──その構成と叙述──（錦正社）
若き日の藤田幽谷──その学問形成──（錦正社）
藤田幽谷のものがたりⅠ～Ⅲ（錦正社）
安積澹泊のものがたり（錦正社）
水戸の国学者　吉田活堂（錦正社）
金沢八景と金沢文庫（錦正社）
義公漫筆（錦正社）
歴史家としての徳川光圀（錦正社）

〈錦正社叢書 13〉鹿島神宮《かしまじんぐう》と水戸《みと》

令和六年一月十五日　印刷
令和六年一月二十一日　発行
※定価は裏表紙などに表示してあります。

著者　梶山孝夫
発行者　中藤正道
発行所　株式会社　錦正社
〒一六二―〇〇四一
東京都新宿区早稲田鶴巻町五四四―六
電話　〇三（五二六一）二八九一
FAX　〇三（五二六一）二八九二
URL　https://kinseisha.jp/
印刷　㈱平河工業社
製本　㈱ブロケード

ISBN978-4-7646-0152-9